끌리는 사람이 되기 위한

# 이미지 컨설팅

홍순아 지음

가림출판사

*Image Making*

## 추천사

　　21세기는 비주얼 시대라고들 한다. 보이는 것이 그만큼 중요한 시대인 것이다. 성형열풍이 부는 것 또한 이러한 시대가치를 반영하고 있는 것으로 볼 수 있다.
　　하지만 성형은 외양을 바꾸는 것에 지나지 않는다. 성형열풍에 비판적인 것도 아마 그러한 이유 때문일 것이다.
　정말 중요한 것은 그 사람이 가진 '매력'이며 이미지 또한 그것을 통해 만들어지는 것이다. 그만이 가진 매력이 무엇이며 또 그것을 어떻게 발산하느냐가 그의 이미지를 결정한다. 이는 또한 성공요소의 핵심으로 말하여질 만큼 이제 그 비중은 대단한 것이다.

　홍순아 소장의 『끌리는 사람이 되기 위한 이미지 컨설팅』은 자신만의 고유한 매력을 발견하고 그것을 발산하는 방법에 대해 알려주고 있다. 머리카락 색, 눈빛, 피부색처럼 사람은 저마다 타고난 색, 특별히 잘 어울리는 색이 있다. 그것은 곧 그 자신의 선천적인 색이며 그 색으로 옷을 입고 화장을 하면 그를 더욱 아름답게 보이도록 하고 더하여 자신감까지 심어준다. 또한 개인의 살빛과 외모, 의상, 신체 언어, 목소리 등 외적인 면을 통한 이미지 연출법, 다른 사람과의 관계를 통한 이미지 연출법, 또 첫 만남에서의 이미지 연출법 등 다양한 상황에서의 성공하는 이미지 연출법에 대해 알기 쉽게 전해주고 있다.

　이미지가 성공의 중요한 관건이 되는 이 시대에 이 책은 자신이 가진 고유한 매력을 한껏 발산하고 보다 멋진 사람으로 거듭나는 데 커다란 보탬이 될 것이다.

삼성 CS아카데미 대표 **김 연 균**

**책머리에**

# 사람에 대한 관심으로
# 시작되는 이미지 메이킹

  길에서나 지하철에서, 백화점이나 심지어 영화를 보러 갔을 때조차도, 나는 마주치는 사람들에 대해 자연스럽게 상상을 시작한다.
  '만약 이런 스타일의 안경으로 바꾼다면 어떨까?', '옷차림이 참 개성이 넘치는데, 저 사람의 직업은 뭘까?', '저 소품은 누가 골라줬을까?'
  눈을 감고 걸어 다닐 수는 없는 일, 나의 이러한 '상상습관'은 한계를 넘어서 상대방과 대화를 나눈 적도 없고 상대에 관해 어떠한 배경지식도 없지만 혼자만의 상상으로 그 사람과 꽤나 친근한 느낌을 갖게 만든다.
  결국 생면부지(生面不知)의 모모씨, 모모양, 모모군에 대한 이미지 컨설팅을 마친 후에야 나의 상상력은 대단원의 막을 내리게 된다. 특히 개선사항 – 개선할 것이 많다는 것은 동시에 발전 가능성이 크다는 것을 의미하므로 – 이 많이 발견될수록, 자연스럽게 상대에 관한 관심과 애정이 샘솟으면서, 나의 관찰력 또한 함께 예리해지게 마련이다.

  우리는 이렇듯, 알게 모르게 많은 사람들에게 보이고 판단되며 분석의 대상이 되기도 한다. 동시에 '~할 것 같은 사람', '~한 느낌이 드는 사람', '왠지 ~하고 싶은 사람' 이라는 이미지를 전달하게 된다. 이 느낌은 생각보다 강력하고 분명하게 상대방의 머리와 가슴에 각인되어 자신의 이미지가 만들어지는 것이다. 진정으로 '나다운 이미지', '내가 보여지고 싶은 이미지'로 표현할 수 있는 사람이 과연 얼마나 될까?

'난 원래 그런 거 귀찮아서…', '요즘 너무 바빠서…', '마음이 중요하지…' 하며 자신과 주변 사람들에게 양해를 구하기보다는 자신에게 필요한 모습을 편안히면서 당당하게 가져보자. 만약 그 과정이 지나치게 고통스럽다거나, 힘들다거나 경제적인 부담이 된다면 또는 특정한 소수에게만 가능한 일이라면 나는 아예 글을 쓸 생각도 하지 않았을 것이다.

오히려 마주치고 만나게 되는 소중한 인연들 한 분 한 분마다 가지고 있는 아름다움과 멋을 끌어내고 싶은 마음에서, 또 그 과정이 생각보다 가까이 있다는 것을 현장에서 누구보다 분명히 느끼고 있기에 글 쓰는 일을 멈출 수가 없었다. 때로는 자연스럽게, 때로는 전략적으로, 자신만의 모습을 다듬어가는 과정을 이 책과 함께 하길 바라면서….

이미지 연구에 적극적으로 지원해주신 삼성CS아카데미 김연균 대표님과 가족에게 깊은 감사를 표한다.

i-Making 연구소에서 **홍 순 아**

추천사 / 7
책머리에 / 8

## PART 1 이미지 컨설팅 성공하기

### Step 1 _ Philo. Consulting

늘 '결정적 순간'을 놓친다면 / 19
인상관리 - 거울아, 거울아 내 첫인상 어떠니? / 22
나를 바라보는 타인의 시선, 그 5가지 출처 / 25
굳어진 내 이미지를 말랑말랑하게! / 29
변신의 마술사, 이미지 메이킹으로 성공하기 / 33
세상의 모두에게 친절하지만 단 한 사람에게 불친절한 사람 / 35
이미지 진단과 해석 / 38
Tip. '현대식 차별 대우'에 시달리는 사람들/ 42

## Step 2 _ Visual Dynamic Consulting

영원한 비타민, 미소의 힘(Smile Power) / 45
첫 눈에 반해 버린 CEO의 사진 한 장 / 48
차라리 말로 하시죠? / 51
사소한 차이가 만들어 내는 격이 다른 바디 랭귀지 / 56
인간관계의 우선권 가져오기 / 60
기분선환의 일등공신, 연예인처럼 모델처럼 걷자! / 62
생각보다 가까운 음성관리(Voice Consulting)의 세계 / 66
어린 시절, 웅변학원의 기억 / 70
다양하고 애매모호한 비언어적 의사소통 / 73
사람이 가진 최고의 선물, '칭찬'을 나누자 / 77
나만의 전략적 사이버 이미지 – 리포트를 위한 전자우편 / 80

## Step 3 _ Color Consulting

당신의 컬러를 결정하세요! / 85
퍼스널 컬러 선정의 필요성 / 87
좋아하는 컬러 VS 어울리는 컬러 / 89
  1단계 – 자신의 컬러 히스토리 / 90

2단계 – 스스로 컬러 진단하기 / 92

3단계 – 진단 천 이용하기 / 94

퍼스널 컬러 활용 방안 / 98

## Step 4 _ Silhouette Consulting

실루엣 지수 진단지 / 108

실루엣 지수 진단에 따른 이미지 보완 컨설팅 / 110

### A. 상체문제형 / 110

문제 4. 셔츠 남방(드레스 셔츠)을 입으면 늘 목이 답답하다 / 110
 목이 굵고 짧은 형 / 목이 가늘고 긴 형

문제 8. 큰 가슴 사이즈 때문에 셔츠를 입을 수가 없다 / 114
 가슴이 큰 체형 / 가슴이 작은 체형

문제 12. 팔이 굵어서 여름이 두렵다 / 118
 팔이 굵은 체형 / 팔이 가는 체형

문제 19. 허리 라인의 굴곡 있는 몸매가 부럽다 / 119

문제 23. 뱃살 때문에 재킷 단추를 잠그기가 어렵다 / 121

### B. 하체문제형 / 122

문제 2. 하의 구입 시 엉덩이 사이즈에 맞추면 늘 허리가 남는다 / 122

문제 6. 바지보다 스커트가 잘 어울린다 / 122

문제 18. 엉덩이가 납작한 사람이 부러울 때가 있다 / 122

문제 20. 종아리가 굵어서 타이트한 롱 부츠가 잘 맞지 않는다 / 124
문제 22. 똑바로 섰을 때 엉덩이보다는 허벅지의 너비가 넓다 / 125
문제 24. 나에게 잘 어울리는 옷을 고를 때에
상의 보다 하의 선택이 더 어렵다 / 125

## 비율 문제형 / 128
### 옷으로 황금비율을 맞추는 3가지 법칙 / 129
하나. 본인의 실루엣을 크게 벗어나지 않게 하면서
상체와 하체가 3:5의 황금비율로 보이도록 노력히라 / 129
둘. 상체의 밸런스 포인트를 설정하라 / 132
셋. 강조와 보완을 명확히 구분하라 / 133

## 감각문제형 / 134
### +1 소품 코디 활용법 / 134
구두 / 스타킹·양말 / 가방 / 주얼리

## 워드로브 작업법 / 139
### 의상 분류 / 140
### 의상 진열 / 141
### 아이템 리스트 기록 / 141
**tip.** 직장인으로서의 의상 구입방법 / 142

## PART 2 드라마 속 이미지로 나를 연출한다

변하지 않는 사랑과 사람에 관한 드라마
"겨울연가 - 강준상" / 147

우연과 운명에 관한 드라마
" 발리에서 생긴 일 - 정재민" / 151

힘겨운 세상 속, 예쁜 금순이의 따뜻한 세상 보듬기
"굳세어라 금순아 - 나금순" / 154

헐렁한 이태백의 인생 대역전?
"신입사원-강호" / 156
   신입사원을 위한 이미지 컨설팅 / 158
   퇴직은 선택! 이직은 필수? / 160
   +1 코디 활용으로 이미지를 더하는 액세서리 코디법 / 162

죽음도 두렵지 않은 지독한 사랑의 기억
"미안하다, 사랑한다 - 차무혁, 송은채" / 164

이 땅의 모든 삼순이들을 위한 로맨틱 코미디
"내 이름은 김삼순 - 김삼순" / 167

프라하에서의 가을빛 특별한 사랑 이야기
"프라하의 연인 - 윤재희" / 170

# PART 3 이미지 컨설팅의 가치, 자신감을 창출한다

샐러리맨의 성공전략 지침서 / 174

자기발견과 자기발전의 놀라운 기쁨, 이미지 메이킹 / 177

루키즘 시대에 적응하기 / 181
   1. 자신을 아끼는 자긍심, 자아존중 / 182
   2. 개인의 능력 / 183
   3. 뚜렷한 비전과 목표 / 183

이미지 컨설턴트의 힘 / 185

가치로운 자기극복의 과정 / 190

# Part 1

## 이미지 컨설팅 성공하기

Philo. Consulting

## 늘 '결정적 순간'을 놓친다면

　　　　　누구나 꼭 잘 보이고 싶고 잘 보여야 하는 '결정적 순간'과 마주치기 마련이다. '결정적 순간'이란, 그야말로 결정적으로 잘 보여야 하는 순간이며, 모든 것이 결정되는 순간이다. 때문에 자신의 이미지를 평소보다 몇 배는 더 잘 전달시켜야 함에도 불구하고, 그러지 못한 채 고개를 푹 숙이고 돌아서는 경우가 있다. 두고두고 후회를 해도 그 순간과 기회는 두 번 다시 오지 않는다.

　'운이 없었다.', '나와 맞지 않았다.', '컨디션이 좋지 않았다.' 등의 소극적인 위로에서 벗어나 자신의 이미지를 최대한 활용하고 다듬어서 '결정적인 순간'에 '결정적인 이미지'를 자신 있게 내세울 수 있는 경쟁력을 만들어 보자.

　타인의 시선을 신경 쓰지 않는 사람은 거의 없을 것이다. 오죽하면 심리학자들이 화장실에서 손 씻는 사람의 심리에 대한 실험을 했을까? 그 실험에서 용

변을 본 이후 다른 사람이 있을 때 손을 씻는 사람들의 비율이 혼자 있을 때 손을 씻는 사람들의 비율보다 월등히 높다는 결과가 나왔다. 이것은 많은 사람들이 남의 눈치를 보는 것이라고 해석하기보다는 그만큼 타인에게 좋은 이미지를 표현하고 싶은 욕구가 강하다는 것을 뜻한다.

이미지 메이킹은 꼭 화려한 직업을 가진 사람에게만 필요한 것도 아니고, 특별한 상황에서만 요구되는 것도 아니다. 간혹 '내 얼굴은 너무 평범해서…' 라며 자신의 외모에 대한 자신감이 부족하다는 것을 드러내는 사람도 있다. 본인의 이미지가 지극히 평범하므로 이미지 메이킹은 남의 일처럼 생각하는 것이다.

사실은 그와 정반대라는 것을 아는가? 최근의 심리학 연구결과에서도 나타나듯이, 바로 평균적인 사람들이 가장 매력적이라는 사실이다. 우연히 선발된 32명의 눈, 코, 입을 모핑 기술을 이용해 평균치를 얻어 가상의 한 여인을 창조했다. 그 후 호감도 조사를 했는데, 이 평균치의 얼굴이 실험에 참가한 32명 개개인의 얼굴보다 월등히 높은 점수를 얻었다. 또 남자들의 얼굴도 같은 방법으로 사진을 만들어 호감도를 조사한 결과, 똑같이 평균치 얼굴이 가장 좋은 반응을 얻었다. 평균치의 눈과 귀, 코 그리고 입이 더 많은 호감을 얻는 것이다.

다시 말해, 우리가 이미 가지고 있는 평범한 이목구비를 '평범하니까…' 하고 그냥 내버려 둘 것이 아니라, 결정적인 순간에 자신의 경쟁력으로 활용할 수 있도록 평소에 갈고 닦아야 한다는 것이다. 프로이트에 의하면, 인간은 10살이 되면 자신의 외모에 대해 열등감이나 자신감을 갖게 된다고 한다. 매사에 자신있는 사람과 그렇지 않은 사람은 완전히 다른 인생을 살 수밖에 없다. 외모뿐만 아

니라 능력이나 인성에 대해 느끼는 자신감의 정도에 따라서도 삶 자체가 달라질 수 있다는 말이다. 아무리 예쁘고 매력적인 여자라도 자신의 신체에 불만을 가지고 거기에 지나치게 집착하면 자신감을 잃게 되고 만다. 결국 자신감 없는 마음이 겉으로 드러나고 급기야 본인의 이미지로 굳어지게 되는 것이다.

이미지는 절대로 거짓말을 하지 않는다. 불공평한 것도 없다. 처음에는 노력만큼의 성과를 얻을 수 없을지도 모르지만 지속적으로 노력을 한다면 그 후에는 노력보다 훨씬 큰 성과를 얻을 수 있다.

이 과정이 처음에는 매우 어색힐 수도, 귀찮을 수도 있다. 하지만 시간이 흐르면서 자연스럽게 어깨에 힘이 들어가고 사람들 앞에 서는 것을 즐기는 자신을 발견하는 기쁨을 누릴 수 있을 것이다.

## 인상관리
### 거울아, 거울아 내 첫인상 어떠니?

"그 사람, 내가 결국 그럴 줄 알았어!"

우리가 상당히 자주 사용하는 표현 중 하나이다. 한 사람을 알기도 어려운 이 세상에, 어떻게 상대방의 행동을 미리 예상할 수 있다는 말인가? 타인에 대한 직관력이 보통 뛰어나지 않고는 불가능하다.

'그럴 줄 알았다.'는 말의 근거가 바로 상대방의 첫인상에 해당된다. 결국 우리는 상대방의 첫인상에 의해 그 사람의 행위를 평가하는 본능을 가지고 있으며, 마찬가지로 그렇게 평가 받는다. 첫인상에 상대로 하여금 매력을 느끼게 하는 요인이 무엇인지 분석하고 학습한다면, 인간관계의 첫 만남에서 매우 긍정적인 에너지를 가질 수 있게 될 것이다.

자, 거울을 보자. 어떤 느낌이 드는가? 스스로에게 조금만 관대해 보자. 그리고 자신만의 장점을 찾아보자. 자신이 가진 장점은 최대한 살려야 한다. 이것이

자신의 개성이자 경쟁력이 될 수 있다.

　인상관리(Impression Management)를 하는 가장 큰 목적은, 자기 정체성을 가장 긍정적으로 표현할 수 있는 해답을 찾는 것이지 획일적인 이미지에 자신을 억지로 끼워 맞추려는 것이 아니다. 그 다음 스스로를 좀 엄격하게 바라보자. 그리고 개선해야 할 점에 대해 생각해 보자.

　자신의 단점을 인정하고 고쳐가는 과정은 분명 힘들고 또 많은 인내심을 요구한다. 대신 그 후에 맛보는 짜릿한 성취감을 상상하면서 과정을 이겨내면 큰 도움이 될 것이다.

　심지어 옷 못 입은 기지보다 옷 잘 입은 거지의 평균수입이 월등히 높다고 한다. 동냥으로 생계를 이어가는 거지가 이 옷 저 옷 가릴 처지가 되겠느냐고 할지 모르나, 일반 사람들은 '자기관리'를 제대로 하는 쪽에 동전 한 닢이라도 더 준다는 말이다.

　한 사람의 첫인상을 결정하는 데 얼마의 시간이 걸리는지에 관해 수많은 이들이 연구를 한 결과, 3~15초 정도에 결정된다고 한다. 이 말은 결국 첫인상은 '순간'에 결정된다는 뜻이다.

　자신의 장점을 가득 담고 개성을 맘껏 전달하는 데 주어진 시간이 '순간'이라는 것이다. '순간'에 자신을 상대방에게 각인시킬 수 있다니 사실 매우 부담스러운 일이 아닐 수 없다. 구겨진 종이를 정성껏 편다고 그 자국까지 없앨 수는 없는 것처럼, 한 번 박힌 첫인상은 각고의 노력 끝에 오해를 풀 수는 있겠지만 구겨진 종이자국처럼 남게 마련이다.

호텔 직원들에게 금지되어 있는 고객평가를 예로 들어 보자.

호텔 직원들이 숙지해야 할 여러 사항 중에 '고객의 겉모습만 보고 그 고객의 배경을 유추하지 않는다.'라는 항목이 있다. 호텔 직원들은 이 항목을 숙지는 하고 있음에도 불구하고 실제로는 자신도 모르게 겉모습을 보고 평가하고 있다는 것이다.

더욱 놀라운 사실은, 스스로 이미지를 가꾸었을 때 자신의 태도 역시 그 이미지에 맞게 변한다는 것이다. 즉 자신이 정장 차림을 하고 있을 때와 평상복 차림을 하고 있을 때의 걸음걸이나 자세가 같을 리 없고, 비즈니스 미팅을 위해 집을 나섰을 때의 표정과 시장에 갈 때의 표정이 같을 리 없다는 말이다.

우리는 본능적으로 스스로의 이미지를 최고점으로 끌어올릴 수 있는 능력을 가지고 있다. 중요한 것은, 필요한 순간에 필요한 이미지를 정확하게 표출할 수 있어야 한다는 점이다.

그러기 위해서 필요한 것은 첫째도 둘째도 훈련이며, 평소에 자신의 이미지를 만드는 준비를 해 놓는 것이다. 그래서 자신이 만든 긍정적 이미지를 온몸의 근육이 기억하도록 하여 자신만의 경쟁력으로 만들자.

자, 이제 조상으로부터 물려받은 자신의 이목구비를 고이 간직한 채 최대한 긍정적인 피드백을 받을 수 있는 초기 이미지 관리에 몰입해 보자.

# 나를 바라보는
## 타인의 시선, 그 5가지 출처

우리는 타인의 마음을 읽을 수 없기 때문에 그들에 대한 관찰을 한다. 마찬가지로 자신의 이미지 역시 타인에 의한 관찰에 의해 형성된다. 그 과정에서 타인은 자신을 냉정하게 읽는데, 그 과정은 주로 5가지 출처에 기인한다.

『구약성서』 집회서에는, '외모가 훌륭하다고 사람을 칭찬하지 말고, 외모가 볼품 없다고 경멸하지 말아라.' 는 구절과 동시에 '옷차림과 웃는 모습, 그리고 걸음걸이는 그의 인품을 나타낸다.' 는 구절도 있다. 이 두 구절은 자신의 이미지를 결정하는 타인의 첫 번째 시선, 바로 '외모' 에 관한 개념을 짧게 총 정리하여 보여주고 있다. 즉 외모에 의해 다른 사람을 판단하거나 평가하지는 말되 자신의 외모는 인품을 드러내는 수단이므로 잘 가꾸라는 말이다. 단순히 보자면 모순처럼 느껴지는 말이지만 이는 외모에 대한 완벽한 정의이다.

단, 여기에서 외모는 눈이 큰지 작은지 쌍꺼풀이 있는지 없는지, 눈이 올라갔는지 내려갔는지가 아니다. 콧대의 높이도 아니고 피부의 투명도도 아닌, 인상이 좋은지 나쁜지, 외모에서 풍기는 이미지가 어떠한지 등을 말하는 것이다. 일반적으로 사람들이 가진 외모에 대한 판단 근거는 보편적인 공통점을 가지고 있기 때문에 아나운서의 단정한 헤어 스타일이나 옷차림을 보면 신뢰감을 느끼게 되고, 아티스트의 개성 가득한 외모에서 그들의 작품세계를 유추하며, 세련된 옷차림의 호텔 지배인에게서 그 호텔에 대한 품격을 기대하는 것이다.

자, 다시 한 번 자신의 이미지를 상기시켜 그것에서 유추되는 느낌을 형용사로 표현해 보자. 또 '용모가 수려한 사람은 추천서에 못지않은 효과가 있는 법이다.'는 아리스토텔레스의 말을 기억하며, 자신의 이미지를 확인해 보자.

'장점은 두 눈을 크게 뜨고 쳐다보고, 단점은 한쪽 눈을 감고 보지 말라.'는 영국 속담이 있다. 그런데 간혹 위의 속담과 반대되는 본능을 가진 사람들과 마주치게 된다.

단점을 파악하는 본능이 극도로 발달해서 언제 어디서나 불평부터 늘어놓는 사람은 주변 사람에게까지 부정적인 이미지를 강력히 전파시켜 분위기 자체를 매우 피곤하게 이끄는 그런 사람 말이다. 이런 사람에게 이미지를 부여한다면 어떤 표현을 할 수 있겠는가?

생각만 해도 고개를 흔들고 싶을 만큼 피하고 싶은 상대일 것이다. 자신의 이미지를 결정하는 타인의 두 번째 시선은 바로 위와 같은 '언어적 행동'에서 비롯된다. 어떤 얘기를 주로 하는지에 따라 이미지 흐름이 결정된다.

　자신의 이미지를 결정하는 타인의 세 번째 시선은 바로 '행위'에서 시작된다. 자신이 가진 외적 이미지를 가지고 주로 어떤 행동을 하느냐에 따라 자신의 이미지가 고정되는 것이다. 사람들이 보통 자신의 모든 것을 말로 하는 것은 아니기 때문에 실제로 그 사람이 어떤 행동을 하고 있는지에 따라 이미지를 결정한다.
　차갑고 무뚝뚝한 첫인상을 가지고 있어 최초 대면에서 점수를 잃은 사람일지라도 반듯하게 먼저 인사를 건네는 행동을 취한다면, 그 사람의 이미지는 '무뚝뚝함'에서 '적극적인' 또는 '정이 많은' 등으로 바뀔 수 있다는 것이다.

　자신의 이미지를 결정하는 타인의 네 번째 시선은 '비언어적 메시지'이다. '눈(目)이 말을 앞선다.'는 말처럼, 말로는 '언제 우리 꼭 식사라도 함께 하자.'고 말을 하면서 성의 없거나 공허한 눈빛을 보내고 있다면 '내가 지금 하는 말은 그냥 인사치레니 너무 깊게 받아들이지 말아라.'라고 말하는 것과 같다.
　또 '이렇게 여러 번 마주치는 것도 인연인데 우리 가깝게 지내자.'는 따뜻한 말을 전하면서 팔짱을 낀 채 지나치게 먼 거리를 두고 서 있다면 이것 역시 '내가 원래 예의가 바른 관계로 하는 말이니 듣고 잊어 버려라.'는 뜻으로 상대방에게 받아들여진다.
　이렇게 사람들은 언어적 행동이 비언어적 행동보다 고의든 고의가 아니든 더 쉽게 조작된다는 것을 알기 때문에, 말하는 내용의 진실성을 파악하기 위해 더욱더 비언어적인 행동에 의존한다.

마지막으로 자신의 이미지를 결정하는 타인의 시선은 '상황'에 있다. 상황이란 변수에 따라 같은 행동이라도 다른 이미지를 추출해 낼 수 있는 것이다.

자신이 지금 울고 있는 상황이라면 그때의 눈물이 행복을 참지 못하고 흘리는 눈물인지(유아적이고 순수한 이미지), 경쟁에서 낙오해 흘리는 분한 눈물인지(강하고 적극적인 이미지), 다른 사람의 슬픈 일에 흘리는 동정의 눈물인지(따뜻하고 부드러운 이미지)에 따라 달리 결정되는 것이다.

위의 5가지 타인의 시선이 자신의 이미지를 결정짓는 근본적인 잣대가 된다. 잣대별로 긍정적인 이미지 구축을 위한 체계적인 노력을 시작해 보자.

# 굳어진 내 이미지를 말랑말랑하게!

아름다운 입술을 가지고 싶으면…
친절한 말을 하라.
사랑스런 눈을 갖고 싶으면…
사람들에게서 좋은 점을 봐라.
날씬한 몸매를 갖고 싶으면…
너의 음식을 배 고픈 사람과 나누어라.
아름다운 머리카락을 갖고 싶으면…
하루에 한 번 어린이가 손가락으로 너의 머리를 쓰다듬게 하라.
아름다운 자세를 갖고 싶으면…
결코 너 혼자 걷고 있지 않음을 명심하면서 걸어라.
사람들은 상처로부터 회복되어야 하며,
낡은 것으로부터 새로워져야 하고,
무지함으로부터 교화되어야 하며,
고통으로부터 구원받고 또 구원받아야 한다.
결코 누구도 버려서는 안 된다.
기억하라… 만약 도움의 손이 필요하면
너의 팔 끝에 있는 손을 이용하면 된다.
네가 더 나이가 들면 손이 두 개라는 걸 발견하게 된다.
한 손은 너 자신을 돕는 손이고
다른 한 손은 다른 사람을 돕는 손이다.

- 오드리 햅번(Audrey Hepburn)

인용된 글은 오드리 햅번이 숨을 거두기 1년 전 크리스마스 이브 때에 아들에게 준 것이라 한다.

## 오드리 햅번의 매력 탐구

'세기의 여인', '은막의 천사' 라는 칭송을 받았으며, 오늘날 '햅번 스타일' 이라는 말이 있을 정도로, 전설적인 스타일을 남기고 간 배우가 바로 오드리 햅번이다.

그녀가 출연한 수많은 작품들에는 발랄하고 귀여우면서도 우아한 그녀만의 매력이 잘 드러나 있다. 그녀의 아름다움은 아직까지도 많은 사람들의 가슴 속에 살아 있고, 동시에 패션 디자이너들에게는 영감의 원천이 되고 있다.

널리 알려진 대로 오드리 햅번의 스타일은 당대 최고의 디자이너였던 지방시와의 만남으로 완성되었다. 지방시는 항상 오드리 햅번을 칭찬하기 바빴을 정도로 그녀의 매력에 푹 빠져, 그녀가 출연한 대부분의 영화 속 의상을 만들었다. '사브리나' 에서 보여준 일명 '사브리나 팬츠' (혹은 시가렛 팬츠라고 불리는 이것은 발목 위를 살짝 덮는 길이에, 밑으로 갈수록 점점 좁아지는 7부 바지를 일컫는다)와 굽 낮은 로퍼, '로마의 휴일' 에서 보여준 잘록한 허리에 낭만적으로 부풀린 스커트 등이 모두 지방시의 작품들이다.

이토록 완벽하게 이미지 메이킹에 성공한 오드리 햅번. 그녀에겐 어떤 비결

이 있었을까?

사실 오드리 햅번이 활동한 1950~1960년대의 할리우드에는 마릴린 먼로, 리즈 테일러, 에바 가드너, 그레이스 켈리 등 지금까지도 최고의 미녀라 불리는 여배우들이 넘친 시기였다. 하지만 오드리 햅번은 다른 배우들처럼 글래머도 아니었고, 전형적인 미인의 얼굴도 아니었다. 대신 그녀에게는 사랑스러운 성품과 귀티나는 미소 같은 독보적인 스타일이 있었다. 또 세월이 지날수록 그녀의 내면에 깊이까지 더해져, 주름이 자글자글한 얼굴로 소말리아 어린이들의 아픔을 함께 한 그녀는 진실로 감동적인 아름다움이 무엇인지 잘 보여주었다.

아직도 수많은 사람들에게 선망의 대상이 되고 있는 그녀의 아름다움과 인기의 비결은 바로 스크린 밖에서도 볼 수 있는 정숙함과 당당함, 솔직함 그리고 끊임 없는 자기관리라고 할 수 있다.

우리는 누구나 '나를 이렇게 보아 주었으면…' 하는 이미지를 가지고 있다. 이러한 공적 자기(Public self)는 사회적 상호작용을 통해 타인들에게 제시되는 이미지다. 자신에 대해 꾸며서 다른 사람에게 표현한다는 것이 자칫 기만적인 조작으로 느껴질 수도 있겠지만, 사람이라면 누구나(의식적이건 비의식적이건 간에) 자신의 이미지를 만들고 있다. 이것이 이미지 메이킹, 즉 남에게 보여지는 자신을 최고로 표현하기 위해 '공적 자기'를 만드는 것이다. 이것은 또한 인간의 기본적인 욕구이기도 하다.

보통 사람들은 각각의 상황이나 특정 대상과 부합하는 다양한 '공적 자기'를 가지고 있다. 예를 들어 회사에서의 이미지가 다르고, 집에서의 이미지가 다르며, 친구와 만났을 때의 이미지 역시 다르고, 애인을 만났을 때의 이미지 역시 다르다. 이러한 이미지들은 서로 중복되는 이미지를 기본으로, 현재 처한 상황에 맞는 자신의 이미지를 제시하는 것이다.

이제 White color나 Blue color는 더 이상 주목받지 못한다. 이제는 'Gold color'가 떠오르고 있다. Gold color는 말 그대로 '금쪽 같은 인재'라는 뜻으로, 금의 속성을 가진 인재가 이 사회에서 주목받고 있다는 의미이다. 금처럼 환하게 빛나고, 금처럼 어떠한 작용에도 변화무쌍하게 모양을 바꿀 수 있고, 금처럼 귀해야 한다는 것이다.

업무의 성격에 상관없이 이런 'Gold color'가 주목 받는 이유는 금이 가진 수많은 특성 중 단연 'Soft'한 부분일 것이다. 절대 변하지 않는 특징을 가진 금의 놀라운 변화무쌍함. 우리에게도 바로 이러한 이미지 메이킹 전략이 필요하다.

TPO, 즉 시간(Time), 장소(Place), 상황(Occasion)에 따라 얼마나 탄력적으로 자신의 다양한 이미지를 제시할 수 있는지, 또 얼마나 융통성 있게 이미지를 수정할 수 있는지는 그가 가진 커다란 능력이라고 할 수 있다.

자, 굳어진 이미지를 말랑말랑하게 주물러 놓는 일. 기본 반죽에서부터 시작해 보자.

# 변신의 마술사,
## 이미지 메이킹으로 성공하기

　　　　　패션계의 거장 '앙드레 김(Andre Kim)'. 그는 1966년 파리에서의 패션쇼를 시작으로 뉴욕, 워싱턴, 바르셀로나, 카이로, 시드니, 샌프란시스코, 뉴델리, 싱가포르 등 세계 곳곳에서 패션쇼를 열어 전 세계 유명 매스컴과 관객으로부터 높은 평가를 받고 있다. 우리나라 '남성 디자이너 1호'인 그는 화려하고 원색적인 색상과 과감한 패턴의 한국적인 디자인이 인상적이다. 예의 바르고 로맨틱한 이미지에 섬세함과 자기 절제감이 묻어 있는 모습, 이러한 그의 이미지는 단 한번도 흐트러짐이 없었다. 때문에 오히려 방송가에서는 그를 희화화해 방송 소재로 삼기도 한다.

　그가 즐겨 쓰는 단어는 로맨티시즘(낭만주의), 판타스틱(환상적인), 이메이징(놀라움), 포멀(격식있는), 인포멀(스스럼 없는) 등이다. 그다지 많은 단어는 아니지만, 분명 그 안에는 작품을 연상시키는 그만의 감성이 담겨 있다. 이는 그의 카리스마에 해당된다.

그는 절대로 패션을 '빠숑'이라고 하지 않는다.' 단, 대화 속의 '어… 음..' 이란 의성어의 반복과 독특한 목소리며 제스처가 그가 쓰는 단어를 상대방에게 그러한 이미지로 각인시켰을 뿐이다.

그는 또 디자인이나 소재가 조금씩은 다른 흰색 의상을 하루에 3번이나 갈아 입는다고 한다. 그의 집에는 계절 별로 흰색 옷이 120여 벌 준비되어 있다. 또 손님이 앉을 소파에는 미리 향수를 뿌린다거나 주위에는 하얀 테이블, 하얀 소파, 하얀 스탠드 등 흰색이나 청결에 대한 집착이 특히 강하다고 한다. 이 완벽한 이미지 메이킹이 칠순을 넘긴 그를 '백색 왕자'라 불릴 수 있도록 한 것이라고 생각한다.

# 세상의 모두에게 친절하지만
# 단 한 사람에게 불친절한 사람

어느 날 한 교회의 목사가 '가정의 행복'에 대한 멋진 설교를 끝냈을 때였다. 갑자기 목사의 부인이 집에 가서 이부자리를 가지고 온 것이었다. 그리고는 설교대 위에 올려 놓으며 "목사님은 집에서는 그렇게 하지 않습니다. 목사님이 지금 설교하신 것처럼 살고 싶으니, 여기서 살게 해주십시오!"라고 사정했다고 한다.

그 목사는 가정에 대해 기가 막히게 감동적인 설교를 했지만, 아내 입장에서는 말만 근사하지 실제 행동이 뒷받침되지 않은 데 대한 불만이 폭발한 것이다.

실제로 우리는 특이하게도, 익명의 타인이나 그리 가깝지 않은 사람에게는 필요 이상으로 관대하다가도 정작 자신과 가까운 가족이나 친구에게는 아주 까다롭게 대하는 경우가 있다. 누구나 한번쯤은 인터넷 대화창에서 나누는 교류가 전부인 익명의 누군가에게는 따뜻한 위로와 관용을 베풀면서 가까운 가족이 필요로 할 때는 외면하거나 짜증냈던 경험이 있을 것이다.

이미지 메이킹의 목적이, '나와 가장 가까운 사람 즉 내 가족에게 더 큰 행복과 기쁨을 주기 위해서'라면 그보다 더 가치 있는 일이 어디 있을까? 반대로 그것이 불특정 다수를 위한 것이라면 스스로도 금세 지쳐버릴 것이다.

사람이 태어날 때 두 손에 한 가지씩 복을 가지고 태어난다는 말이 있다. 손이 두 개이기 때문에 태어나면서 부여 받은 복은 딱 두 가지라는 이야기다. 이 말은 사람이 가진 에너지는 한정되어 있다는 뜻이기도 하다. 그 한정된 에너지 안에서 일을 하고, 운동을 하고, 사람들을 만나는 등 여러 활동을 하는 것이다. 좋은 이미지를 보여주기 위한 노력 역시 에너지를 소모시키는 일이고, 이 에너지를 사회적인 활동을 하면서 전부 사용해 버린다면 정작 자신의 가족을 위한 에너지는 남아 있지 않게 된다.

성공적인 재테크에 관한 전문가들은, 쓰고 남은 돈을 저축하지 말고 쓰기 전에 저축할 돈을 따로 떼어놓고 소비하라는 충고를 한다. 마찬가지로 자신이 가진 에너지를 집 밖에서 모두 소모하고 탈진한 상태로 집으로 돌아와, 집에서는 그저 휴식만을 요구하지 말고 일정한 양의 에너지를 가까운 사람을 위해 따로 떼어 놓고 사회적인 활동을 하면 어떨까?

3년 연속 사내 베스트 드레서에 선정되었던 모 기업 과장님의 아내가 '집에서의 모습과 행동을 보면, 도대체 이해할 수 없는 일'이라며 고개를 갸웃거리던 기억이 난다. 또 사회적으로는 최고의 1대 1 고객 맞춤 응대를 자랑하는 한

전문직 여자의 남편이 '제발 집에서 짜증 좀 그만 부렸으면…' 하는 속마음을 토로하는 모습을 본 기억도 있다.

　임종을 앞둔 사람들이 남긴 유언의 대부분은 '가족과 더 많은 시간을 함께 하지 못함에 대한 아쉬움', '아내 또는 남편에게 더 따뜻하게 해주지 못한 것에 대한 후회', '자녀들과 더 교감적인 활동을 했어야 한다는 안타까움'이 많다. '특정 연도에 맡았던 프로젝트의 성실성에 대한 후회', '젊었을 때 더 많은 일을 했어야 하는 것에 대한 애착'이 아니라는 것이다.

　좀 섬뜩하게 들릴지 모르지만, 후회 가득한 유언을 남기는 삶을 살지 않기 위해서라도 자신의 소중한 사람들을 위한 에너지를 뚝 떼어놓는 습관을 가져 보자.

# 이미지 진단과 해석

## A. 이미지 진단지

아래의 이미지 진단지를 통해 각 5항목의 결과를 점수를 내어보자.
성공한 사람의 공통적인 특징은 삶과 일에 대한 열정(P), 자신을 부각시킬 수 있는 외적인 이미지(E), 내면의 긍정적인 사고(I), 원만한 대인관계(R), 철저한 자기관리(S)를 잃지 않는다는 점이다. 간혹 개인의 목표 이미지가 없는 이는 위의 사항을 반대로 하는 경우가 있다.

각 항목을 잘 읽어보고, 빈칸에 자신에게 해당되는 부분에 (2), 해당되지는 않지만 개선해야 한다고 생각되는 부분에 (1), 현재 해당되지 않는 것 (0)으로 표기해 보자.

|   | E | I | R | P | S |
|---|---|---|---|---|---|
| 1. 내 체형의 약점은 보완하고 강점은 부각시킬 수 있게 옷 입는 방법을 안다. | ■ |   |   |   |   |
| 2. 나에게 부족한 부분을 파악하고 스스로 찾아서 공부하는 편이다. |   |   |   | ■ |   |
| 3. 표정이 밝아 주위 사람들에게 '기분 좋은 사람'이라는 이미지를 준다. | ■ |   |   |   |   |
| 4. 나의 미래는 자신이 결정한다고 믿고 있다. |   | ■ |   |   |   |
| 5. 늘 같은 패션을 추구하기보다는, 패션에 변화를 주어 입는 편이다. | ■ |   |   |   |   |
| 6. 내가 하고 있는 일은 내가 가장 잘 할 수 있고 가장 하고 싶어 하던 일이다. |   |   |   | ■ |   |
| 7. 바른 자세를 갖고자 노력하며 스트레칭을 자주 한다. |   |   |   |   | ■ |
| 8. 배우는 데 나이는 제약이 되지 않는다고 생각하며 필요하다면 어느 때나 다시 학업을 할 생각이 있다(대학원 등). |   | ■ |   |   |   |
| 9. 클럽이나 모임의 회원으로서 2개 이상의 정기적인 모임에 참여한다. |   |   | ■ |   |   |
| 10. 다음날 입을 옷이나 메이크업을 목적과 상대에 맞게 미리 준비한다. | ■ |   |   |   |   |
| 11. 자기관리를 위하여 지나친 음주나 과식은 피한다. |   |   |   |   | ■ |
| 12. 힘든 상황에서도 희망적이고 긍정적으로 생각하며 감사해 한다. |   | ■ |   |   |   |
| 13. 피부관리에 신경을 쓰는 편이다. |   |   |   |   | ■ |
| 14. 나는 있는 모습 그대로 주위 사람들에게 사랑과 신뢰를 받는다. |   |   | ■ |   |   |

E　I　R　P　S

15. 주어진 일을 할 때에도, 기존의 방법을 탈피하여 창의적이면서도 더 효과적으로 문제를 해결할 방법을 모색한다.
16. 대체로 현재의 나 자신에 대해 만족한다.
17. 몸을 최고의 상태로 만들기 위해, 건강에 좋고 에너지를 높여 주는 영양식을 먹는다.
18. 나만의 스트레스 해소방법을 갖고 있으며, 제때 스트레스를 잘 푼다.
19. 쉽게 친구를 사귄다.
20. 정장 입는 법을 정확히 알고 있다.
21. 지금까지의 나의 삶과 일에 대해서 긍정적인 평가를 내리며, 성취한 것들에 대해 자랑스럽게 여긴다.
22. 모든 사람을 평등하게 대하려고 노력한다.
23. 어떤 사람을 만나든지, 그의 장점을 발견하여 배우려고 노력한다.
24. 내 전공분야에 있어서는 최고가 되고자 한다.
25. 다른 사람의 이야기를 들을 때 그 사람의 말뿐만 아니라 표정이나 태도에도 주의를 기울이며 경청한다.
26. 많은 일들이 벌어지고 있는 이 세상에 살고 있다는 것은 참 멋진 일이라고 생각한다.
27. 나의 피부색에 어울리는 최상의 컬러를 알고 있다.
28. 살면서 부딪히게 되는 난관과 도전을 잘 극복할 자신이 있다.
29. 나는 지방이나 콜레스테롤이 높은 인스턴트 식품이나 패스트푸드를 피하고, 건강식품을 먹으려고 노력한다.
30. 특별히 좋아하고, 더 잘 하는 운동을 적어도 하나 이상은 갖고 있다.
31. 내가 하는 일은 가치 있고 보람된 것이며, 나의 일을 진정으로 사랑한다.
32. 가족, 친지, 가까운 친구, 동료들의 생일이나 기념일을 거의 잊지 않고 챙긴다.
33. 나에게는 닮고 싶은 이미지 모델이 있다.
34. '나의 3년 후, 5년 후…'에 대한 경력을 계발하기 위한 실현 가능한 구체적인 계획을 갖고 있다.
35. 사람들이 자신의 일을 해결하도록 조언하는 등 어려움에 처한 사람들을 돕는다.

|  |  | E | I | R | P | S |
|---|---|---|---|---|---|---|

36. 어떤 일에든 적극적으로 활동하기를 좋아한다.
37. 일의 성과에 관계없이 일하는 과정에서 노력을 인정받아, 나를 항상 믿어주고 격려해 주는 사람이 있다.
38. 체중이 불어나면 그 즉시 식사량 조절 등의 방법으로 원하는 체중을 유지할 수 있다.
39. 나는 어렵고 스트레스를 많이 받는 상황에서도 웃음을 잃지 않는다.
40. 주 3회, 한 회당 40분 이상씩 규칙적으로 꾸준히 운동한다.
41. 다른 사람들은 나와의 교제를 즐긴다.
42. 나의 장점에 대해서 10가지 정도를 서슴없이 말할 수 있다.
43. 정기적인 건강검진을 통해 나의 건강상태를 항상 체크한다.
44. 하루 3번, 제 시간에 식사를 하며, 야식이나 간식은 거의 먹지 않는다.
45. 자세와 걸음걸이가 바르다.
46. 이 세상에서의 최고의 자산은 바로 자기 자신임을 알고 자신을 사랑하고 가꿀 줄 안다.
47. 나와 인연을 맺은 사람은 나를 믿고 신뢰해도 좋다고 생각한다.
48. 과거에 얽매여 아옹다옹하기보다는 앞으로 가능한 일에 전력을 기울인다.
49. 내 장래에 필요한 전문지식과 능력을 계발하기 위해 노력한다.
50. 나의 얼굴형에 가장 잘 어울리는 헤어 스타일을 알고 있다.

합 계

## About You

한글 이름

진단일

영문 이름

## B. 이미지 지수 그래프

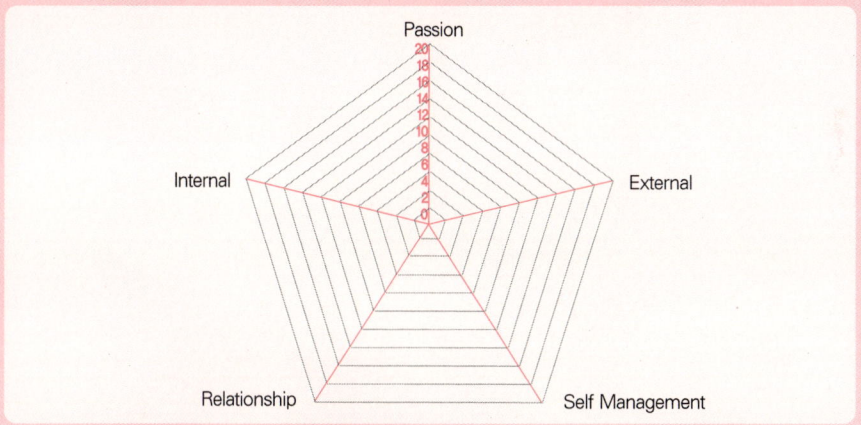

　A의 결과를 위 그래프에 옮겨 보자. 5각형이 클수록 성공인의 이미지와 근접 하다고 볼 수 있다. 그러나 주의할 점은 5각형의 균형이다. 다른 포인트에 비해 어느 한쪽에만 치우침이 있다면 상대방에게 부정적인 이미지를 주기 쉬우므로 균형을 이루도록 한다.

## C. 원인과 개선방안 분석

|  | 원 인 | 개 선 방 안 |
|---|---|---|
| Passion |  |  |
| External |  |  |
| Internal |  |  |
| Relationship |  |  |
| Self Management |  |  |

　C의 원인분석과 개선방안을 통하여 철저한 자기분석을 시도해 보자. 각 문항에서 0점이나 1점에 해당되는 부분을 중점적으로 그럴 수밖에 없는 원인과 개선 가능한 방안을 설계한다면 분명 방법을 찾을 수 있을 뿐만 아니라, 개인의 이미지 관리에 있어서 자신감으로 인해 목표한 이미지에 한 걸음 다가설 수 있을 것이다.

# '현대식 차별 대우'에 시달리는 사람들

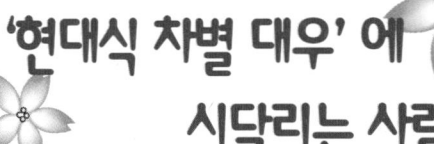

진정한 이미지 메이킹은 다른 사람이 보기에 흠이 없고 멋진 외모를 표현하는 데 있는 것이 아니라 '진정한 자기 자신으로 거듭나는 것'이다.

콤플렉스나 과거의 상처를 위장하기 위해 멋진 외모로 치장하는 것이 아니라 먼저 자기 본래의 모습, 즉 자신의 내면을 있는 그대로 사랑하고 자신의 성품과 기질, 능력을 가장 잘 표현할 수 있는 방법으로서의 이미지 메이킹을 수행할 때, 그것은 진정한 의미를 갖는다. 그러므로 고객의 심리나 내면을 분석하는 첫 단계가 중요한 의미를 지닌다.

사람은 누구나 아름답고 귀하다는 평범한 가치를 가슴에 품고, 자신 앞에 있는 고객에게 진심 어린 애정을 가지고 다가가야 한다. 소품 몇 가지, 동작 몇 가지의 즉흥적이고 일률적인 진단은 결국 고객에게 자신의 제안이 겉돌게 할 뿐이다. 컨설팅 하는 그 순간, 고객을 가족을 대하듯 진심으로 대하고 존중하며, 그에게 집중해야 한다.

이미지 컨설턴트로서 먼저 내면의 아름다움이 더욱 중요함을 알고 그 내면의 아름다움을 효과적으로 발산시키기 위한 방법으로써 이미지 메이킹이 이루어져야 한다고 생각한다. 때문에 사람을 볼 때 눈에 보이는 것과 눈에 보이지 않는 것을 같이 찾아보려는 노력을 기울여야 함을 먼저 인지해야 한다.

이제까지 이미지 메이킹이 메이크업이나 의상, 헤어 스타일 중심으로 교육되다 보니 타인에게 평가되는 외모가 전부인 양 오해되곤 하였다. 외모 지상주의는 자칫 현대식 차별주의를 낳을 수 있다. 때문에 이미지 컨설턴트는 인간의 보편적 정서를 존중하며 순수하고 겸손한 자세로 접근하는 것이 무엇보다도 중요하다.

영화 '키드(Disney's The Kid, 2000)'의 브루스 윌리스를 만나 보자.

이미지 컨설턴트로 성공한 40대의 주인공은 어느 날 8살의 자신과 만나게 된다.

8살 소년은 어릴 때 자신이 꿈꿔 왔던 모습과는 너무 다르게 변한 주인공을 보고 크게 실망을 한다. 40대의 주인공 역시 소심하고 뚱뚱한 자신의 어릴 적 모습을 보는 것이 썩 기분 좋은 일만은 아니다. 이렇게 둘은 같이 생활하게 되고 주인공은 어릴 적 자신을 보며 그 동안 잊고 있었던 꿈들을 하나하나 기억하게 된다는 이야기다.

영화 내용 중 아이가 브루스 윌리스에게 이미지 컨설턴트가 뭔지 알겠다고 하면서 "자기 자신을 감추고 거짓으로 꾸며서 다른 사람에게 잘 보이는 것"이라는 말에 주의할 필요가 있다. 바로 그것이 이미지 컨설턴트가 늘 조심해야 할 요소이기 때문이다.

이미지 컨설턴트로서의 브루스 윌리스를 좀 더 깊숙이 살펴보자.

우선 세련된 옷차림, 보기 좋은 몸매, 깔끔한 말투가 이미지 컨설턴트로서 자신이 얼마나 이미지 메이킹을 잘 하고 있는지를 보여주고 있다. 이미지 컨설턴트는 자신만의 노하우로 고객에게 신뢰감을 표현해야 한다. 한 순간도 소홀해서는 안 된다.

하지만 그가 일하는 태도는 철저히 계산적이다. 고객을 대할 때는 굉장히 불친절하고 계산적이라는 느낌을 준다. 여자 주지사가 울면서 자신을 도와달라고 청할 때 제발 징징거리지 좀 말라고 그것만 약속하면 반드시 해결해 주겠다는 장면에서(물론, 징징거리는 것을 싫어하는 이유는 어릴 적 자신이 받은 깊은 상처에서 연유된 것이기는 하다), 먼저 고객의 마음을 이해하고 공감하는 컨설턴트의 기본적인 자세가 보이지 않았다. 그럼에도 불구하고 그가 끊임없이 최고 지위와 권력, 부(정치가, 사업가)를 가진 자들에게 컨설팅 제의를 받고 쉴 틈 없이 일하는 것을 보면서 자신의 삶은 상대에 대한 매너나 이해심도 없으면서 고객에게 '연극대본'(의상에서 말투, 상황 연출까지)을 짜 주는 데는 어려움이 있지 않을까?

또한 오로지 돈을 위해서 불의한 일을 하는 사람들에게 멋진 이미지를 만들어 주고 여론을 조장해서 그들을 돕는 것을 보면서, 직업에 대한 사명감, 직업 윤리, 도덕적인 측면에 대한 강조가 영화에 나타났어야 하지 않았을까 생각한다.

이미지 메이킹이란 진실된 모습을 가장 효과적으로 드러내는 것이지 나쁜 의도를 가지고 자신을 거짓으로 꾸미고 사람들을 현혹시키는 것이 아님을 강조한다.

Visual Dynamic
Consulting

# 영원한 비타민,
# 미소의 힘(Smile Power)

얼마 전 화제가 된 외국의 한 택시 기사가 말한 기막힌 '동양인 구별법'을 아는가? 그는 특히 한국인을 구별하기 쉬웠다고 하는데 그 이유는 '얼굴에 아무 표정이 없기' 때문이었다고 한다. '한국 사람들은 표정이 없다.'라는 이 비난을 불쾌해 하기 이전에 거울에 자신의 얼굴을 비추어 보면 그 사실을 아마 수긍하지 않을 수 없을 것이다.

상대방에게 좋은 이미지를 전달하는 데에 가장 기본이 미소이다. 수많은 속담들을 떠올리다 보면 우리 민족과 미소가 그리 동떨어진 문화관습이 아닌 것은 분명하다. 그렇다면 무엇 때문에 '한국인은 무표정하다.'라는 근거 없는 오해를 받게 되고 거기다 '불친절하다.'는 오해까지 받게 된 것일까? 한국인이 정말 미소가 없고 불친절해서일까?

분명 그것은 아니다. 한국 사람들은 친절하다. 때로는 지나치게 친절해서 자기 것을 전부 퍼 주거나 다른 사람을 돕느라 정작 자기 것을 돌보지 못하는 사례도 많이 있다. 우리나라 사람들의 따스한 인심과 배려는 가히 세계 어느 민족도 따라 올 수 없을 것이다.

그렇다면 왜, 이런 부정적 이미지가 굳혀진 것일까?

우리나라 사람들은 진지하다. 특히 공식석상에서 지나치게 진지하다. 사석에서의 부드러움은 업무상에서 철저하게 감춰지고 공적인 자리에서는 항상 너무 진지하다 보니 딱딱하고 불친절한 느낌을 갖게 하는 것이다.

해결책은 무엇일까? 단연 '미소'라고 할 수 있다. 미소의 장점은 일일이 나열하지 않더라도 그 어떤 비타민보다 강력하고 영원한 힘을 가진다고 장담한다. 혼자 먹는 비타민이 아니라, 함께 나누는 모든 사람들이 건강해지고 즐거워지는 비타민이 바로 '미소'인 것이다. 그리고 자신을 그 어떤 방법보다 효과적으로 돋보이게 해주는 기막힌 효자이기도 하다. 실제로 미소에 관한 심리적인 비타민 효과뿐 아니라, 물리적 효과도 속속 밝혀지고 있다. 그러기에 지혜로운 우리 선조들은 '한 번 웃으면 한 번 젊어진다(一笑一少).'라고 했고, 서양에서는 '웃음은 내적 조깅(Internal Jogging)이다.'라고 한 것이다.

인간이라면 누구나 웃을 수 있다. 갓난아이들은 말을 배우기 전에 웃음부터 익힌다. 그런데 지금 자신의 얼굴을 보라. 미소는 어디로 갔는가? 한 통계결과를 빌리자면, 만 3세 정도의 아이들은 하루에 300회 이상 웃는다고 한다. 반면 나이가 들수록 점점 웃는 횟수가 줄어들어, 결국 50대 정도가 되면 하루에 3번 이상 웃기도 쉽지 않다고 한다.

관상학의 교과서인『마의상법(麻衣相法)』에서는, '근심 어린 얼굴'을 가장 좋지 않은 얼굴로 본다. 그러한 표정을 '술에 취하지 않고도 취한 듯하고, 근심할 일이 없는데도 근심하는 듯하며, 낙심천만하고 겁내는 것처럼 보인다.'고 표현했다. 반면, '아내가 늘 웃음을 띠면 반드시 남편과 아들이 성공한다.'고 해 아내의 웃음을 가장 큰 내조로 삼았다.

관상학적 이야기를 맹목적으로 따를 필요는 없지만, 관상학에서 말하는 '좋은 얼굴'은 다른 많은 사람이 보기에도 좋은 얼굴 즉, 현재 우리에게 필요한 얼굴이 아닐까? 몸이 아프면 병원을 찾듯, 표정이 없으면 치료를 해야 한다. 우리에게 필요한 치료법은 많이, 제대로 웃게 하는 것이다.

웃음에도 요령이 있다는 사실을 아는가? 제대로 된 웃음은 입가가 위로 한껏 올라가도록 웃고 치아가 자연스레 보이도록 웃는 것이다. 동양에서 '눈은 마음의 창'이라고 하듯, 눈도 함께 웃는 것이 보기에도 좋다. 여기에 한 가지 덧붙이자면, 미소가 필요한 바로 그 순간에 자유자재로 미소를 지어 상대방의 가슴에 충분히 전달할 수 있는 능력이다. 이것이 바로 긍정적인 이미지의 기본공식이며, 우리에게 진정으로 필요한 '부드럽지만 강력한 힘'을 갖게 해준다.

아무리 먼 길이라도 편안하게 해주는 길동무와 함께라면 즐거운 여행길이 되듯이, 아무리 힘든 업무라도 편안한 미소를 지어주는 사람과 함께 한다면 즐거운 마음으로 일을 할 수 있지 않을까?

## 첫 눈에 반해 버린 CEO의 사진 한 장

CEO(Chief Executive Officer). 직장생활을 하는 대부분의 사람들이 모두 원하는 '최고 경영자'. 당연히 그에 대한 환상과 기대가 없을 리 없다. 평범한 사람들이 CEO를 접할 수 있는 방법은 대부분 실물이 아니라 사진 그것도 증명사진으로밖에 접할 수가 없다.

그런데 이때 많은 사람들의 가슴에 기대와 호기심을 심어주는 CEO들은 웃는 얼굴보다는 화난 얼굴이거나 혹은 무표정한 표정을 하고 있는 경우가 많다. 좀 더 자세히 묘사를 하면, 웃을 듯 말 듯한 무표정한 얼굴, 중요한 계약체결에 사인하기 바로 직전에 찍은 듯한 심각한 표정이다. 또한 그들의 옷차림도 PI(Presidential Identity) 컨설팅의 유행을 타고 공식처럼, 위엄을 나타내는 감색 양복과 젊고 스마트해 보인다는 버건디(burgundy) 색의 넥타이를 매고 있는 경우가 많다. 이러한 획일적인 모습 가운데 한 CEO가 활짝 웃고 찍은 사진이 있다면 단연 그에게 시선이 집중될 것이다. 성공적인 이미지 메이킹은 기업의 비

전과 CEO의 이미지가 일관성이 있어야 한다.

　과거의 '사장님'은 혼자 생각하는 존재였지만 오늘날의 CEO는 회사의 'CEO 브랜드'이다.
　독일의 어머니들은 자식들에게, '네 얼굴은 너의 것이 아니라 네 얼굴을 보는 사람들의 것이다. 그러므로 너는 그 사람들을 위해 늘 좋은 표정을 지녀야 한다.'라고 가르친다고 한다. CEO의 얼굴은 자신의 것이 아니라 그 기업을 바라보는 사람들의 것이다. 그러므로 CEO라면 그 기업에 어울리는 모습을 지녀야 한다.
　필자는 머리 물들인 '바이러스 박사'의 화려한 외출을 잊을 수가 없다. 언제나 깔끔하게 빗은 머리와 검은색이나 짙은 감색 정장 차림이던 안철수 대표가 한 광고에서 머리를 총천연색으로 물들여 바짝 세우고 나타났다. 거기에 티셔츠를 입고, 날카롭게 노려보는 눈매에서는 불량한 끼마저 느껴진다. 그를 잘 아는 사람에게 이 광고는 상상할 수 없는 모습이다. 그러한 방법으로 그는 자신이 변했다고 세상에 선언했다. 의학박사 · 프로그래머에서 CEO로, '안철수연구소'는 컴퓨터 바이러스 연구소 · 백신업체에서 종합보안업체로 변화했음을 나타낸다. 안철수 대표는 이러한 광고가 마음에 들지 않았지만 회사를 위해 필요하다고 생각해 받아들였다고 했다.

　자, 이제 실천을 해보자. CEO라면 다양한 표정과 자세의 증명사진을 여러 장 가지고 있어야 한다. 배우도 카리스마 있는 모습, 부드러운 모습 등 여러 가지 모습으로 프로필 사진을 찍듯이 CEO도 고객의 성향에 따라 다양한 사진을 가지고 있어야 한다. 콩떡이 필요한 순간에는 콩고물을 묻힌 콩떡을 내밀고, 팥떡이 필요한 순간에는 팥고물을 묻힌 팥떡을 내밀며 어느 순간에는 아무것도 묻히지 않은 그대로의 모습을 내밀 수도 있어야 한다.

지금 자신의 증명사진을 한번 꺼내보자.
호감이 가고, 만나고 싶고, 마음이 열리고, 신뢰가 가는가? 아니면 어디에서나 흔히 볼 수 있는 그야말로 평범하고 무표정한 얼굴인가? 혹은 점잖기만 할 뿐 아무런 느낌이 없는 모습인가?
특히 CEO의 경우라면 많은 사람들에게 직접적인 만남보다는 사진을 통한 만남이 더 많으므로 당장 증명사진을 다시 찍어보면 어떨까? 찰칵! 이 순간, 기업의 명성관리(Reputation Management)가 시작된다.

## 차라리 말로 하시죠?

'사람이 바른지 사악한 지를 관찰하는 데 있어,
그 사람의 눈을 관찰하는 것보다 더 좋은 것은 없다.'

마음이 바르면 눈 또한 밝고, 마음이 바르지 못하면 눈 또한 혼미하다는 맹자의 가르침을 아는가? 우리는 누구나 독심술을 한다. 정확성에서는 개인차가 다소 있겠지만 누구나 상대방이 사용하는 언어와 관계 없이 그 사람의 진심을 어느 정도는 읽을 수 있다는 말이다.

한 가지 안타까운 사실은 자신의 뜻과는 다른 표정 때문에 상대방으로부터 오해를 받는 경우가 생각보다 많다는 것이다. '몸 따로, 마음 따로' 라는 말이 있듯이 TV에 나오는 프로 댄서들의 화려한 춤 동작을 마음으로는 따라할 수 있을 것 같지만 실제로는 전혀 그럴 수가 없다. 입가가 한껏 올라간 맑은 미소를 따라해 본들, 상대방은 '저 사람이 왜 나를 비웃는 거지?' 라고 오해만 할 뿐이다.

뻣뻣한 몸놀림으로 유연한 발레 동작을 따라할 수 없듯이, 자신의 마음을 최적의 표정으로 표현하려면 평소에 얼굴 근육 훈련이 필요하다.

사람의 얼굴에는 80여 가지의 근육이 존재하는데, 이 중에서 약 30여 가지의 근육이 얼굴 표정에 직접적으로 관여한다. 우리가 짓는 웃거나 울거나 찡그리거나 깜짝 놀라는 표정들은 바로 이런 얼굴 근육의 상호작용에 의해 만들어지는 것이다.

우리는 주변에서 실제 나이에 비해 겉늙어 보이거나 유달리 표정이 무뚝뚝한 사람들을 쉽게 만날 수 있다. 요즘처럼 이미지가 중시되는 시대에 이런 부정적인 이미지는 대인관계나 비즈니스에서 여러 가지 불이익과 차별을 당할 수밖에 없다. 이들이 공통적으로 안고 있는 문제점은 무엇일까?

바로 얼굴 표정을 좌우하는 표정근의 일부가 잘 발달해 있지 않거나 거의 움직이고 있지 않다는 것이다. 그 이유는 나이가 들면서 자신만의 독특한 표정을 버릇처럼 짓고, 실제로 자주 움직여 주어야 하는 근육을 잘 사용하지 않았기 때문이다. 마치 오십견에 걸린 것처럼, 표정근이 마음대로 움직여주지 않거나 억지로 움직이려고 하면 매우 불편한 느낌을 갖게 되는 것이다.

신체의 다른 근육과 마찬가지로 얼굴의 표정근 역시 단련하지 않으면 약해지고 늘어져서 노화가 빨리 진행되는 반면, 지속적으로 단련하면 탄력성과 유연성이 증가된다. 우리 몸의 노화는 생각보다 빨리 진행되지만, 다행히 근육은 연령과 상관없이 단련할수록 발달한다.

그렇다면 실제로 얼굴 근육을 활성화 시키기 위한 '얼굴 워밍업' 훈련을 해 보자.

### 얼굴 워밍업

1. 눈을 살짝 감고 정수리에서 이마, 뺨, 입가, 턱, 목 순으로 물이 흘러가는 느낌으로 힘을 빼고 얼굴 근육 전체의 힘을 느슨하게 한다.

2. 눈을 가볍게 감고 입술을 앞으로 내미는 기분으로 얼굴 가운데 근육을 지그시 중심부(코의 머리 부분)로 모았다가 부드럽게 천천히 처음에 눈을 살짝 감았던 그 상태로 되돌이긴다.

3. 눈썹을 위로 올리고 코밑은 끌어내리고 얼굴을 세로로 최대한 늘려준다. 다 늘렸으면 천천히 자연스러운 표정으로 되돌린다. 이 과정을 2~3회 반복한다.

4. 입술을 바깥에서 안쪽을 향해 천천히 3회전한다.

5. 입술을 가볍게 내밀고 양쪽 입 끝을 끌어내리듯이 하며 입술을 안에서 바깥 방향으로 천천히 3회전한다.

얼굴 근육 훈련을 위한 기초 운동이 끝났다면, 이제 본격적인 '안륜근(眼輪筋) 운동'에 들어가 보자.

눈 주변의 근육은 근력이 약한 곳이기 때문에 쉽게 지칠 수 있으므로 무리하지 말고 쉬었다가 끈기 있게 반복하는 것이 중요하다. 이 과정을 5회 반복한다.

### 안륜근 운동

1. 똑바로 정면을 향한다. 눈동자를 두리번거리지 말고 한 곳을 응시하듯 시선을 고정한다.
2. 아래 눈꺼풀을 '끌어올린다'는 느낌으로 눈을 조금씩 가느다랗게 뜬다. 안륜근이 눈 주변에 있다는 것을 의식하고 그 근육의 움직임을 느끼면서 천천히 실시한다. 눈 이외의 근육은 움직이지 않는다.
3. 눈을 감기 직전인 상태를 유지하고 긴장한 채 '다섯'을 센 뒤 천천히 ①의 상태로 되돌아간다. 무리하지 말고 지친 듯하면 휴식을 취한다.

자, 이제 마무리 운동을 할 차례이다.

### 마무리 운동

1. 혀를 조금 내밀고 앞으로 살짝 깨문다. 그대로 뺨을 움직이지 않고 좌우 번갈아 윙크를 3회 반복한다.
2. 잇몸을 혀로 단단히 누르면서 위 잇몸을 오른쪽에서 왼쪽, 왼쪽에서 오른쪽으로 5회 쓰다듬는다. 같은 방법으로 아래 잇몸도 5회 쓰다듬는다.
3. 위, 아래의 잇몸을 혀로 원을 그리듯 오른쪽에서 왼쪽으로 3회 돌려준다. 반대편도 3회 돌려준다.
4. 운동을 시킨 얼굴 근육을 손가락 밑부분으로 부드럽게 만져 긴장을 완전히 풀어준다.

　얼굴 근육 운동은 어찌 보면 복잡하고 번거롭게 느껴질지 모르지만 러닝머신을 찾아 헬스장을 알아볼 필요도, 비싼 운동기구를 구입할 필요도 없으면서 큰 효과를 얻을 수 있는 아주 경제적인 운동이다. 심지어는 수술이나 사고 후유증으로 안면 마비가 생긴 사람도 이와 같은 얼굴 근육 운동을 하여 완전히 회복된 경우도 있다.

　사람들은 하루에도 몇 번씩 거울에 자신의 모습을 비춰 보지만 정작 자신의 사회적인 이미지를 체크하는 경우는 별로 없다. 물론 거울을 통해 눈썹, 코털, 여드름, 눈곱, 치아상태 등을 확인해 보는 정도의 차원은 누구나 할 수 있지만, 사실 다른 사람에게 각인되는 자신의 전체적인 이미지를 체크하기란 쉽지 않다.

　예를 들어, 말을 하거나 웃을 때 한쪽 입을 지나치게 실룩거려서 비뚤어지는 사람의 경우, 상대방은 그의 입 모양을 보느라 대화에 집중하기가 힘들 것이다. 만약 자기관리에 대해 일장연설을 늘어놓는다면 상대방은 그 말에 설득되기는커녕 '거울 보고 자기 이미지 관리나 잘하지.' 하는 생각을 하게 될 것이다.

　또한 치아에 대한 콤플렉스 때문에 웃을 때 매번 입을 가린다거나 입을 벌리지 않고 작게 웃는다면 상대방은 '별로 유쾌하지 않은가 보군.' 이라는 오해를 하게 된다. 심지어 '차라리 싫으면 싫다고 말로 하지, 저렇게 표현할 필요가 있나?' 하는 엄청난 오해를 살 수도 있다.

　이제 상황에 맞는 적절한 표정을 최대의 무기로 삼아 자신의 이미지에 대한 호감도를 최대한 높여보자.

# 사소한 차이가 만들어 내는
# 격이 다른 바디 랭귀지

쟝 자크 아노(Jean-Jacques Annaud) 감독의 영화 '불을 찾아서(Quest For Fire, La Guerre Du Feu, 1981년)'를 보면, 네안데르탈인(Neanderthal man)의 습격으로 목숨만큼이나 소중한 불씨를 빼앗긴 호모 사피엔스(Homo Sapiens) 세 명이 살벌하고 황량한 들판으로 불을 찾아 나선다. 그 들판에서 이 연약한 호모 사피엔스들이 겪는 곤경과 유머, 생생한 육박전, 천신만고 끝에 식인종에게서 불을 훔쳐내는 모험담을 영화는 감동스럽게 그리고 있다.

그 시절 원시인들은 도대체 어떤 방법으로 자신의 매력을 과시했을까? 개성을 발휘할 다양한 의상도, 유행의 첨단을 걷는 화장품도, 후각을 자극하는 향수도 없던 그야말로 원초적인 시절에?

원시인들에게도 특유의 기막힌 매력 발산법이 있었으니, 바로 '멋진 제스처'를 선보이는 것이었다. 즉, 마음에 드는 상대방 앞에서 매력적인 자세와 몸짓으로 자신만의 이미지를 한껏 뽐내는 것이다. '호모 사피엔스(지혜로운 인간)'라

는 의미 그대로 '바디 랭귀지(Body Language)'를 통해 참으로 현명하게 이미지 메이킹을 한 셈이다.

'바디 랭귀지'란 의사소통 과정에서 말 대신 표정이나 동작, 몸짓 등을 통해 효과적으로 의미전달하는 것을 말하며, 보편적인 정서에 의거해 공통의 의미를 교환한다.

자, 그렇다면 바디 랭귀지를 통한 의미전달 사례에 관해 알아보자.

### 눈으로 하는 바디 랭귀지

- **대화를 하면서 상대를 보지 않는다** : 뭔가 숨기려는 마음의 표현
- **대화를 하면서 상대를 곁눈질로 쳐다본다** : 나누고 있는 이야기의 내용에 불만이나 의문을 품고 있다는 표현
- **눈을 크게 뜨고 상대를 바라본다** : 상대방에 대해 강한 흥미를 느낀다는 표현

### 입으로 하는 바디 랭귀지

- **손을 입에 대고 가만히 있는다** : 더 이상 상대방과 대화하고 싶지 않다는 표현
- **상대방의 이야기를 들으면서 입술 양쪽 끝을 약간 뒤로 당긴다** : 상대방의 이야기를 경청하고 있다는 표현
- **제품을 살펴 보다가 입을 다물고 굳은 표정을 짓는다** : 구입 여부를 망설이고 있다는 표현

### 코로 하는 바디 랭귀지

- **코에 손을 대고 앞으로 숙인다** : 의심스럽다거나 심사숙고하는 표현
- **콧날을 잡고 눈을 지그시 감는다** : 현재 마음의 갈등을 하고 있다는 표현
- **턱을 약간 치켜들고 코를 내민다** : 자신의 영역을 과시하는 거만한 마음의 표현

### 목으로 하는 바디 랭귀지

- **기계적으로 고개를 끄덕인다** : 형식적으로 동조하지만 실제로는 부정적인 정서상태를 표현
- **이야기를 들으면서 고개를 자주 끄덕인다** : 상대방의 말을 진심으로 잘 듣고 있다는 표현
- **상체를 뒤로 젖힌 채 잠자코 이야기를 듣고만 있다** : 상대방의 말이 엉뚱한 곳으로 흘렀을 때 이를 지적하는 표현

　동일 문화권에서 바디 랭귀지를 해석하는 것은, 공통적인 정서에 의지하기 때문에 개개인의 독특한 버릇이나 부정적인 습관이 아니라면 따로 훈련을 받을 필요는 없다. 문제는 다른 문화권이라면 바디 랭귀지가 잘못 해석될 수 있다는 것이다. 그래서 자신이 사용한 바디 랭귀지가 본인의 의도와는 정반대의 의미로 전달되거나 심지어 상대방에게 불쾌감을 주는 의미로 전달될 수 있기 때문에 쓸데없는 오해를 사는 경우가 종종 있다는 것이다. 이렇게 되면 이미지 메이킹이나 비즈니스 미팅은 그 대면 자체가 민망할 정도로 돌이킬 수 없는 상황이 되어버리고 만다.

　요즘처럼 오전에 상해로 출장 갔다가 오후에 일본으로 이동하는 시대에는 호주, 필리핀, 싱가포르를 이틀 정도 여정으로 다니는 경우가 빈번하기 때문에 이에 걸맞는 글로벌 바디 랭귀지를 익혀 두는 것도 자신만의 경쟁력이 되어 줄 것이다.

　예를 들어, 중동이나 극동지역에서 손바닥을 아래로 하여 손짓한다면 '가까이 와주시겠어요?' 라는 의미지만, 서구지역에서는 '저쪽으로 좀 가주시겠어요?' 라는 의미로 쓰인다. 엄지와 검지로 동그라미를 만들어 보이면 한국이나 일본 사람들은 그것을 '돈' 으로 해석하지만, 미국이나 서유럽에서는 'OK!' 라고 해석하고, 브라질 등 남미에서는 매우 음탕하고 외설적인 표현으로 해석한다. 또 같은 유럽에서도 손바닥을 바깥쪽으로 향하게 하고 당당하게 'V자' 를 그린다면 '승리!' 라는 의미이지만, 그리스에서는 엄청난 욕을 의미하기도 한다.

　우리가 흔히 하는 동작 중 한 가지인 주먹을 쥔 채로 엄지를 위로 올리는 행위는 어떨까? 보통 우리나라에서는 '최고!' 라는 최대의 찬사를 의미하는 이 바디 랭귀지를 호주에서 한다면 매우 무례한 사람으로 낙인 찍히기 십상이다. 심지어 그리스인들은 '입 닥쳐!' 라고 이해할 것이고 러시아인들은 '동성연애자로군!' 하고 받아들일 것이다. 머리를 위 아래로 끄덕이는 행위는 우리 문화권에서는 긍정의 의미이지만 불가리아나 그리스에서는 반대로 부정의 의미가 된다.

　아무리 멋진 연설과 프리젠테이션을 준비했더라도 이렇게 엉뚱한 바디 랭귀지 하나로 자신의 이미지를 순식간에 무너뜨릴 수 있다.

## 인간관계의 우선권 가져오기

사적인 시간과 공적인 시간 모두에서 성공적인 이미지 메이킹을 가장 오래 유지시키는 방법은, 바로 이미지 메이킹을 하는 것을 즐기는 것이다. 그리고 그러한 자신의 이미지를 경쟁력으로 삼아 적극적으로 활용한다면 더할 나위 없이 성공적인 이미지 메이킹을 한 셈이다. 자, 이제 자신을 둘러싼 인간관계와 새로 시작되는 인간관계 모두에 한 걸음씩 다가서 보자.

인간관계에서 우선권을 가져 올 수 있는 가장 최고의 방법은 인사이다. 생각보다 많은 사람들이 상대방으로 하여금 먼저 다가와 주기를 바라는데, 이는 시대에 매우 뒤떨어지는 정서일 뿐 아니라 오히려 이로 인한 오해까지 만든다. 비즈니스 매너에는 '악수는 여성이 먼저, 상급자가 먼저 청한다.' 는 등의 강제적이지는 않지만 지켜야 할 에티켓이 있는데 인사에는 이와 같은 순서가 없다. 인사는 무조건 먼저 본 사람이 반갑고 자연스럽게 시작하면 된다.

　때론 고의적이 아니라 실수 또는 시력이 좋지 않다는 이유로 인사를 놓치거나 먼저 하지 못한 경우도 있다. 그러나 해법은 있다. 그때 '아, 내 이미지 깎였겠다.' 하고 속으로 움츠려 들지 말고, 당당하게 한 마디 더해 보자. 예를 들어, 상대방이 먼저 인사를 건넨 경우, 반갑게 인사를 받고 '요즘 어떻게 지내셨어요?', '얼굴이 더 좋아지셨네요.' 라고 대답하면 되는 것이다.
　또는 이러한 별도의 언어적 메시지 없이 비언어적 메시지를 이용한 동작을 더하여 인사를 받는다면 밝고 당당하고 적극적인 자신의 이미지를 표현하는 데에 충분하다.

　매우 엉거주춤한 자세나 대충 하는 듯한 자세로 인사한다면 자신의 다른 면을 보여주기도 전에 상대방은 부정적인 느낌을 받게 된다. 이와 반대로 자신의 진심과는 다르게 부정적인 이미지를 주는 인사가 몸에 밴 경우도 있다. 고개를 숙여 인사를 하고 채 들기도 전에 휙 돌아서서 급하게 걸음을 옮긴다든지, 너무나 진지하고 심각한 표정으로 인사를 건넨다든지, 고개만 비뚤게 까딱 하면서 인사를 한다면 상대방은 자신의 좋은 의도를 오히려 오해하게 될 수도 있다.
　우리는 하루에도 수십 번 이상 인사를 나눈다. 기억도 나지 않는 어린 시절부터 해온 인사. 이왕이면 자신의 이미지에 보탬이 될 수 있도록, 거울에 비춰 자세를 확인해보는 경험을 할 필요가 있다.

# 기분전환의 일등공신,
## 연예인처럼 모델처럼 걷자!

군대에서는 입대한 훈련병들에게 일제히 '군대식 걸음'을 가르친다. 허리를 꼿꼿이 세우고, 보폭은 일정하게 유지하고 팔은 45° 각도에 맞춰 흔들도록 한다. 왜 이렇게 걷게 하는 것일까? 바로 군인의 당당함이나 패기를 보여 주기 위해서이다. 일반인들 역시 군인들의 절도 있고 반듯한 걸음걸이를 보며 '군인답다'는 느낌을 받는다.

많은 이들이 무심코 걷는 걸음걸이는 그 사람의 이미지를 형성하는 데 큰 영향을 끼친다. 즉 그 걸음걸이에 어울리는 특정한 대상물의 특징을 잡아 '가재걸음', '게걸음', '까치걸음', '오리걸음'이라 부르기도 하고, 말뜻에 걷는 모양을 담아 '갈지자걸음', '팔자걸음', '잔걸음', '모걸음(앞이나 뒤로 걷지 않고 모로 걷는 걸음)', '종종걸음'이라고 부르기도 한다.

최근 미국의 카네기 멜론 대학(Carnegie-Mellon University) 연구팀은, 걸음걸이를 이용한 신원 확인이 95%의 정확도를 보이는 수준에 이르렀다고 발표했

다. 이러한 생체인식 기술로 공항의 입·출국 심사를 걸음걸이로 대신할 수도 있고, 또 멀리서도 테러리스트를 식별할 수 있게 되었다는 것이다. 이러한 기술은 걷는 속도, 보폭, 무릎이 구부러지는 각도, 허벅지가 윗몸과 이루는 각도 등이 사람마다 각각 다른 것을 이용한다. 사람의 움직임을 카메라가 찍고 컴퓨터가 분석한 뒤 미리 입력된 개인별 걸음걸이 자료와 비교해 누구인지를 정확하게 알아내는 것이다. 이를 이용하면 테러리스트가 목표물에 접근하기도 전에 멀리서 걷는 모양새만 보고도 요주의 인물인지 아닌지 확인할 수 있는 것이다.

　타고난 생김으로 인생의 흐름을 살펴본다는 관상학에서도 걸음걸이를 중요한 요소로 꼽는다. 그래서 어른들은 자식들의 걸음걸이를 보고 '고개 들고 똑바로 걸어라!', '턱을 그렇게 치켜들고 걸으면 돈을 못 번다!', '피죽도 못 얻어 먹었냐, 힘차게 걸어라!', '뒷짐 지지 말고 걸어라!' 는 등의 잔소리를 끝없이 하는 것이다.

　그래도 이런 잔소리를 들을 때는 괜찮다. 나이가 들어 성인이 되고 난 후에는 어지간해서는 걸음걸이를 가지고 지적을 받을 일은 거의 없다. 대신 그 걸음걸이로 형성된 이미지가 타인에게 고정되어 가는 것이다.

　따라서 자신의 걷는 모습을 캠코더에 담아서 확인해 보면, 도저히 자신의 모습이라고는 믿어지지 않을 만큼 엉뚱한 이미지가 연출되는 경험을 하게 된다. 이때 '그것 또한 내 개성이지!' 라며 넘어가기에는 너무나도 어색한 자신의 모습을 발견하게 될 것이다. 자, 도대체 어떻게 걸어야만 프로다운 이미지를 연출할 수 있을까?

사람들은 제각각 독특한 걸음걸이를 가지고 있다. 길거리에 서서 지나가는 사람들을 한동안 바라보면, 모두들 제각각 다양하게 걷는 모습을 보게 된다. 땅에서 뭔가를 찾는 듯 땅바닥만 바라보면서 걷는 사람, 인생을 초월한 듯 먼 산만 바라보며 걷는 사람, 세상에서 가장 급한 사람처럼 다리를 허우적거리며 뒤로 넘어질 듯 걷는 사람, 보폭이 너무 좁아 종종걸음으로 걷는 사람, 화가 난 듯 발을 쾅쾅 굴리며 걷는 사람 등등 헤아릴 수 없을 정도이다.

대부분의 사람들이 언제부턴가 습관이 붙은 대로, 별다른 의식 없이 그저 걷기만 할 뿐이다. 하지만 걷는다는 것은 단순한 이동이 아니다. 마음가짐의 표현이며, 건강의 지표이기도 하다. 지금 잠시 걸음을 멈춰 서서 나의 걸음걸이가 주는 이미지를 한 번 확인해 보자.

## 성공적인 이미지 메이킹을 위한 걸음걸이

**1. 가슴을 펴고 정수리를 위에서 잡아 당기는 느낌으로 바른 자세를 취한다**
당당한 마음가짐으로 가슴을 쭉 편다. 신장의 차이가 자세에서 보여진다.

**2. 팔꿈치 각도는 90°를 유지한다**
팔꿈치는 90° 각도로 구부리고, 앞뒤로 흔든다. 의식적으로 위로 빼고 또 앞으로 자연스럽게 흔들도록 한다.

**3. 시선은 가능한 정면보다 약간 위쪽으로 향한다**
땅을 보고 걷지 않도록 주의한다. 등을 구부리면 자세가 흐트러지는 원인이 된다. 얼굴은 앞을 보고 시선은 위쪽으로 바라보면서 마치 경치를 감상하는 듯한 기분으로 걷는다.

**4. 턱은 너무 당기거나 들리지 않도록 한다**
의도와 다른 소극적, 비겁함, 거만한 이미지를 줄 수 있다.

**5. 아랫배는 힘주어 의식적으로 집어 넣는다**
아랫배를 집어 넣고 걸으면 배 주변의 지방분해의 효과가 크고 당당한 느낌의 스텝을 유지할 수 있다.

**6. 보폭은 허리 폭과 같이 유지한다**
다리를 조금만 벌리면 허리가 돌아와서 부담을 주게 된다. 보폭을 허리 폭 정도로 벌리고 걸으면 허리에 부담이 없어서 오랫동안 걸을 수 있다.

**7. 착지는 뒤꿈치부터 한다**
보폭을 크게 하면 반드시 뒤꿈치부터 착지한다. 발바닥 전체로 '쿵!' 하고 착지하거나 발가락 끝으로 걷지 않도록 한다.

# 생각보다 가까운
# 음성관리(Voice Consulting)의 세계

　　　　　　아무리 외모에 관심이 없는 사람이라도 아침에 일어나면 세수를 하고, 중간중간 무리한 활동으로 땀을 흘렸을 경우엔 얼굴을 닦거나 씻을 것이며, 자기 전에는 손과 발을 씻고 잠자리에 들 것이다. 건조한 겨울철에는 가볍게 로션을 발라주는 경우도 있고, 뾰루지가 생겼을 때에는 그냥 내버려 둔다 할지라도 가끔 거울을 볼 때마다 신경이 쓰이곤 할 것이다.
　그렇다면, 이미지 결정요인에서 무려 38%나 차지하는 음성은 어떻게 관리하고 있는가?

　대부분의 사람들이 목소리는 타고난 것이라고 여기기 때문에 얼굴은 성형수술을 해서라도 바꿀 수 있지만, 목소리는 바꿀 수 없다고 생각하는 경향이 있다. 끊어진 눈썹을 아이브로 펜슬(Eyebrow pencil)로 그리고 작은 눈은 아이라이너(Eyeliner)로 확장시키며, 크고 둥근 얼굴을 블러셔(blusher)로 갸름하게 만

드는 그 노력의 반만 음성관리(Voice consulting)에 투자한다면 그야말로 방송인 부럽지 않은 목소리를 가질 수 있다. 대부분의 사람들은 좋은 목소리를 지녔다. 하지만 정작 본인의 목소리에 자부심과 자신감을 가지고 있는 사람은 매우 드물다. 그저 세수하고 로션을 바르는 정도의 음성관리만 해도 보다 향상된 음성 이미지를 갖게 될 것이다.

한국 가요계의 거목 '패티 김'은 여름에도 늘 실크 스카프를 준비해서 냉방이 된 실내에 들어갈 때에는 스카프를 둘러 목을 보호한다고 한다. 뿐만 아니라, 탄산음료에는 손을 대지 않으며 공연 전에는 맵고 짠 음식을 멀리 한다고 힌다. 그녀는 20~30대에, 가수로서는 치명적인 '성대결실' 신난을 받은 적이 있었다. 그래서 목에 대해 남다른 관심을 갖고 꾸준히 관리해 온 결과 현재의 '골든 보이스'를 유지할 수 있게 된 것이다.

운동을 한 근육과 하지 않은 근육의 느낌이 다르듯, 훈련을 한 음성과 그렇지 않은 음성 역시 천지 차이이다.

음성관리를 위한 첫 관문은 바로 '호흡법'이다. 사실 호흡 연습은 발성 연습과 같이 하면 더욱 큰 시너지 효과를 낸다. 호흡을 연습하면 추진력이 생기고 자신감도 향상되며 긴 문장을 전달할 때에도 무리 없이 소화할 수 있게 되어 말하고자 하는 의미가 더욱 정확히 전달된다. 이 훈련 역시 모든 근육 운동과 마찬가지로 게을리 하지 말고 하루 10분씩이라도 꾸준히 연습해야 효과를 볼 수 있다.

호흡을 길게 할 수 있는 복식호흡으로 시간과 횟수를 점진적으로 늘려가며 다음과 같은 방법으로 연습해 보자.

### 복식호흡

**1단계** 온몸을 자연스럽고 편안한 자세로 한다.
**2단계** 양팔을 허리춤에 놓고 공기를 깊이 들이마신 다음 천천히 내뱉는다(2회).
**3단계** 깊이 마신 다음에 아주 빨리 내뱉는다(2회).
**4단계** 깊이 마신 다음에 천천히 내뱉는다(2회).
**5단계** 양팔을 빨리 위로 올림과 동시에 숨을 들이마시고 빨리, '핫', '핫', '핫' 하고 끊으며 내뱉고, 양팔을 같이 아래로 내린다.

목을 주로 사용하는 직업군에게 꼭 필요한 훈련은 바로 발성 연습이다. 발성은 표준어 사용만큼 중요하며 발성과 호흡이 숙련되어야만 표준어를 사용할 수 있다. 발성은 건강하고 아름다운 목소리를 위한 것이기 때문에 방송인들 사이에는 필수항목이다.

메시지 전달에서 가장 중요한 역할을 하는 목소리의 크기와 높낮이는 발성 연습으로 교정이 가능하다. 운동으로 몸매를 교정하는 것과 다르지 않다.

발성 연습을 통해 소리를 배에서 내면 작은 소리로도 또렷하게 메시지를 전달할 수 있으며, 무작정 크기만 한 목소리도 부드러운 목소리로 변화시킬 수 있다. 방송사 아나운서들은 입사하면 제일 먼저 배에서 소리를 내는 훈련부터 한다.

발성 연습은 배꼽 밑의 단전에 힘을 주고, 단전에서 소리가 '울려 나오도록' 연습하는 것이다. 발성 연습을 제대로 하면 발음이 정확해지고, 발음이 또렷하면 메시지를 분명하게 전달할 수 있고 나아가 설득력 있는 화술을 구사할 수도 있다.

발성 연습을 할 때에는 가능한 입을 크게 벌리고, 바른 자세로 소리 내어 글을 읽어야 한다. 자동차를 운전할 때나 심지어 화장실에서라도 좋다. 또 마음에 드는 글을 골라 매일 쉬지 않고 연습하면 큰 효과를 볼 수 있다. 이때 신문의 사설, 좋아하는 시, 노래 가사, 편지 등 다양한 종류의 글을 읽는 훈련을 하다 보면, 순발력 있고 변화무쌍한 음성을 소유하게 될 것이다.

처음에는 열심히 연습해도 별다른 변화가 없을 것이다. 그러나 포기하지 말고 꾸준히 연습하다 보면 자신의 목소리에서 메아리 같은 울림이 느껴지는 날이 있을 것이다. 그때 중단하지 말고 적어도 6개월 이상 꾸준히 연습해 보자. 언제부턴가 '목소리가 정말 좋으시네요.', '말에 설득력이 있어요.', '신뢰감이 느껴지는 목소리를 가지셨네요.' 라는 말을 주변 사람들로부터 듣게 될 것이다.

## 어린 시절, 웅변학원의 기억

어느 강의실이나 쉬는 시간이 되면, 웬만큼 목소리를 높여서는 의사소통이 힘들 정도로 시끌벅적해진다. 어제 TV에서 본 내용을 온몸으로 재연하는 사람, 황당했던 사건을 침 튀기며 설명하는 사람, 아쉬웠던 순간을 토로하며 땅이 꺼져라 한숨을 늘어놓는 사람 등 내용은 각기 다르지만 사연 하나하나마다 재치 있고 순발력 있게 이야기한다.

10여 분이 지나고 다시 수업을 시작하였을 때, 조금 전 흥미진진하게 이야기한 교육생들이 그대로 앉아 있지만 강의실의 분위기는 사뭇 다르다. 그래서 필자는 시청률 1위를 자랑하는 드라마 주인공의 연기를 재연하며 수다를 떨던 교육생을 앞으로 불러 보았다. 그런데 그는 얼굴이 새빨개져서 이름조차 제대로 말하질 못하고 고개를 푹 숙이는 것이 아닌가. 분명 방금 듣지도 보지도 못한 형용사, 부사를 화려하게 사용하며 유창한 말솜씨를 자랑하던 교육생이었는데, 막상 강단에 서자 주어진 질문에 최대한 간단하게 본인의 생각을 발표하고는

후다닥 자리로 들어가 앉는다.

　강의 중간 한 교육생이, 대중 앞에 서는 데 대한 어려움을 토로한 적이 있다. 노래방에 가면 생판 처음 본 사람 앞에서라도 제법 비중 있고 강한 느낌의 노래를 선곡하여 멋들어지게 할 수 있는데, 5명 이상의 사람 앞에 서면 자기 소개조차 하기 힘들다는 것이다. 결국 표정은 꽉 얼어붙은 채 말은 점점 빨라지면서 동시에 작아지고, 먼 산을 바라보는 듯 멍하면서도 고정된 시선으로 일관하다가 할 말의 반의 반도 못한 채 자리로 돌아오고 만다는 것이다.

　이처럼 대중 앞에, 또는 중요한 자리에 서면 얼굴이 달아오르거나 목소리가 덜덜 떨리거나 말을 더듬는 사람이 의외로 많다. 궁여지책으로 연설할 내용을 종이에 적어 연습까지 하지만, 벌개진 얼굴에 기어들어가는 목소리로 얼마나 효과적인 발표를 할 수 있을까?

　'성격 탓이야!' 하고 포기할 수도 없는 것이 대부분의 사람들이 정도의 차이는 있지만 위와 같은 증상을 가지고 있으며, 그들이 매우 활발한 성격을 가졌다는 것이다. 두 사람 혹은 세 사람이 모인 자리에서는 누구보다 화려한 말솜씨가, 20~30명이 모인 자리에선 왜 사라져 버리고 오히려 당황하거나 긴장한 채 덜덜 떨게 되는 것일까. 또 그러한 자신을 바라보는 수많은 사람들의 뇌리 속에 어떤 이미지를 심어주는 것일까.

　살면서 한 두 번은 피할 수 있을지 몰라도, 사회생활을 한다면 결코 놓칠 수 없는 대중 앞에서의 연설! '피할 수 없다면 즐겨라!' 는 말이 있듯이 어차피 해야 할 일이라면 제대로 한 번 해보자.

이런 일을 예상이라도 했듯, 현명한 대한민국 어머니들은 우리 아이들을 웅변학원으로 보낸 적이 있다. 아이가 '꼬마 리더십', '대중 앞에서의 발표능력', '조목조목 짜임새 있는 글 구성하기' 등을 배우도록 하기 위해서였는데, 이 덕분에 선행학습은 되었지만 연결학습은 되지 않아 대부분 사진 속의 추억으로 잊혀지는 결과를 낳았다.

무대에만 서면 스스로 한없이 작아지는 무대공포증을 가진 사람들은 평균적으로 실수를 용납하지 못하는 성격인 경우가 많다. 즉, '너무 잘 보이고 싶고, 너무 잘 해보고 싶고, 절대 실수하면 안 된다.'는 자의식이 강박증을 유발하여 가슴이 마구 뛰고 얼굴이 발개지는 신체적인 결과로 나타나는 것이다. 이런 상황에서 말의 내용까지 짚어가는 여유를 바라는 건 불가능할 수밖에 없다.

이런 사람들에게 가장 필요한 것이 바로 '심리적 옹알이(Psychobabble)'이다. 즉, '사람이라면 누구나 실수를 하지.', '실수를 해도 괜찮아.'라는 반복적인 자기암시를 통한 의식의 변화가 필요한 것이다.

사실 실수를 오랫동안 기억하는 사람은 당사자뿐이다. 다른 사람들은 자신과 관계가 없는 일이므로 쉽게 잊어버린다. 그저 혼자서 후회하고 창피해 하고 고통스러워 하는데 이것은 감정의 낭비일 뿐이다.

무대에서의 이미지를 세련되게 만들 수 있는 가장 효과적인 방법은 바로 자주 무대에 서는 것이다. 체험만큼 좋은 학습 방법은 없다. 기회가 없다면 만들어서라도 무대에 서야 한다. 무대에 서는 고통이 어느 순간 즐거움이 되는 그 날, 혹은 무대에서 하는 자신의 연설이 강력한 설득력을 갖게 되는 그 날까지 말이다.

# 다양하고 애매모호한
# 비언어적 의사소통

> "갑돌이와 갑순이는 한 마을에 살았더래요.
> 둘이는 서로서로 사랑을 했더래요.
> 그러나 둘이는 마음뿐이래요.
> 음~ 모르는 척 했더래요, 모르는 척 했더래요."

갑돌이와 갑순이가 사랑을 이루지 못한 이유는? 글쎄? 같은 성씨끼리 마을을 이뤄 살고 있기에 유교적 도덕관이 강한 시기여서 '동성동본'이 결정적인 이유로 볼 수도 있지만, 솔직하지 못한 비언어적인 의사소통 때문은 아니었을까?

우연히 퇴근길에 옛 직장동료를 만났다.

"어머, 웬일이니! 정말 반갑다, 얘!"라고 말하지만 사실 보고도 못 본 척 하려다가 표정을 보고 상대방이 알아 차릴까 봐 마음을 바꿔 인사를 건넨 참이었다.

"집에 가는 길이라고? 어느 쪽인데? 나와 같은 방향이구나. 잘 됐네, 얘기나 하면서 심심하지 않게 갈 수 있겠다."는 얘긴 했지만 속으로는 난감하기만 하다. 같은 지하철을 타고 45분이나 달려서 한 정거장 차이로 내려야 한다는 사실이 부담스러운 숙제처럼 느껴졌다. 멍하게 앉아서 이런 저런 생각으로 하루를 정리하고 싶기도 했고 살짝 졸면서 피로를 달래고 싶기도 했는데…. 그 순간, 옛 동료가 오늘은 짐이 많아 버스를 탈 생각이라고 말하는 것이 아닌가?

"아쉬워서 어떡하니? 다음엔 꼭 만나자. 연락 좀 자주 하고!"라는 말은 했지만, 구원받은 해방감에 표정관리가 잘 되지 않았다.

그런데 사실 그 버스를 타려는 동료가 표현하는 아쉬움 역시 유난히 어색했고, 인사를 마치자마자 휙 돌아서서 성큼성큼 걸어가는 발걸음이 그렇게 가벼워 보일 수가 없었다.

우리는 대부분 입으로 말을 하지만, 몸으로도 이야기를 하고 있다. 분명히 우리가 예상하는 것 이상으로 다량의 정보들이 비언어적인 수단을 통해 교환된다. 의사소통에서 '비언어적인 측면'의 중요성을 이해하고 이에 대한 지식을 증가시킨다면, 보다 효과적인 의사소통의 기술을 익힐 수 있다.

　비언어적 의사소통의 수단은 매우 다양하고 모호하다. 비언어적인 메시지는 제스처, 얼굴 표정, 시선, 음성의 억양 등으로 다양하게 전달하지만 그 의미는 애매모호하다. 따라서 비언어적 메시지의 핵심을 가장 잘 이해하기 위해서는 수반되는 언어적 메시지에 함께 집중하는 것이 필요하다. 예를 들어, 상대방이 눈을 잔뜩 찌푸리기만 한다면 그것이 피곤한 것인지 불쾌한 것인지 애매모호하다. 하지만 '어젯밤에 한 잠도 못 잤어.'라는 언어적 메시지를 동반한다면 보다 정확하게 상대방의 메시지를 이해할 수 있다.

　사람들은 때로 비언어적인 이미지 자체로 자신의 기분을 전달하기도 한다. 살벌한 시선을 보내거나 입을 꽉 다문 채 노려본다면, 특별한 설명 없이도 충분히 그 사람의 기분을 읽을 수 있다. 그런데 때로는 무척 기분이 상해 있음에도 누군가가 물어보면 '아니, 괜찮아요.' 또는 '화나긴요. 조금 피곤할 뿐이에요.' 하고 자신의 속마음을 숨긴다. 이러한 모순적인 상황과 직면했을 때, 과연 어떤 메시지를 믿어야 할까? 많은 사람들이 본능적으로 비언어적인 신호에 집중할 것이다. 그래서 거짓말의 여부를 알아차리는 방법은 비언어적인 신호를 탐지하는 것이고 그 말에 대부분 동의할 것이다.

　이처럼 비언어적인 메시지는 커뮤니케이션에서 많은 것들에 대한 정보를 제공하며, 습관적인 비언어적인 메시지는 고유한 자신의 이미지를 창조한다. '대인 공간 사용'에 관해 연구하는 '공간학(Proxemics)'에서는 사람들이 선호하는 대인 거리의 양은 관계와 상황에 따라 좌우된다고 말한다. 일반적인 규칙은 어떤 사람을 좋아하면 좋아할수록 그 사람에게 신체적으로 가까이 있는 것을 더 편안하게 느낀다는 것이다. 물론, 만원버스나 혼잡한 지하철에서처럼 예외는 있지만 이런 상황에서 많은 사람들이 스트레스를 느낀다.

만약 별로 편안하다고 생각하지 않는 사람이 내가 생각하는 적절한 거리보다 가깝게 다가올 경우, 어떤 느낌이 들까? 이러한 개인 공간의 침범은 상대방으로 하여금 불편한 감정을 들게 하기 때문에 뒤로 물러선다든지 하는 방법으로 개인의 사적 영역을 회복하려는 시도를 하게 된다. 따라서 상대방이 자신에게 설정한 대인 거리 영역은 자신에게 느끼는 호감 정도와 비례한다고 할 수 있다.

또한 어떠한 표정을 짓고 있는가에 따라 어떤 표현을 하고 있는 것인지 이해할 수 있다. 표정은 비언어적인 메시지 중에서 가장 많은 정보를 제공하는데 때로는 이를 통하여 다른 사람들을 고의적으로 속이기도 한다. '포커 페이스(Poker face)'이라는 말이 있듯이, 사람들은 신체의 다른 부분보다는 얼굴을 통해서 상대방을 속이는 메시지를 더 잘 표현한다. 예를 들어 포커에서는 좋은 카드를 쥐고 있을 때 생기는 흥분된 감정이나 좋지 않은 카드를 쥐고 있을 때의 실망스러운 감정을 스스로 통제하는 것을 일종의 기술로 분류한다.

또한 각종 미인대회에서 참가자들은 혹시 떨어지더라도 분노나 시샘, 슬픈 감정을 얼굴에 표현하지 말고 숨겨야 하는 규칙을 지켜야 한다.

이렇듯 사람은 온몸으로 이야기한다. 아무 말 없이 가만히 있는 사람조차 '저는 지금 입을 열고 싶지가 않습니다.' 라는 표현을 하고 있는 것이다. 소통을 하지 않는 순간에도 알게 모르게 의사소통은 계속 되고 이러한 다양하고 애매모호하며 복합적인 수단을 통하여 자신의 이미지가 생성되는 것이다.

# 사람이 가진
# 최고의 선물, '칭찬'을 나누자

앞에서도 언급한 '장점은 두 눈을 크게 뜨고 쳐다보고 단점을 보았을 때는 한쪽 눈을 감고 보지 말라.'는 영국 속담이 있다. 말 그대로 장점만 보고 단점을 못 본 척 하라는 이야기인데, 실제로 타인의 단점을 발견했을 때 한쪽 눈을 감고 모른 척 할 수 있는 내적 에너지를 가지기가 힘들다.

그렇다면 다른 시각에서, 다른 사람의 단점을 보고 있는 자신의 모습을 누군가가 캠코더로 촬영해서 들이민다면, 이것 또한 본인에게는 충격적인 장면이 아닐 수 없다. 타인의 단점을 불평하고 분석하고 있는 자신의 모습 즉, '흉'을 보고 있는 모습 자체가 자아내는 이미지란 지극히 부정적인 표정으로 분노를 표출하고 있으며, 심지어 과장된 몸짓으로 타인의 단점을 재연하면서 자연스레 학습하고 있게 마련이다. 그래서 '욕하면서 닮는다.'라는 말도 있지 않은가?

반대로, 위에 소개한 영국 속담을 착실히 따라 타인의 장점을 두 눈을 크게 뜨고 바라보는 사람은 흐뭇하고 흡족해하며 긍정적인 언어가 만들어내는 표정들을 근육들이 기억하여(Muscle memory), 그것을 평소 자신의 이미지로 자리잡게 될 것이다. 많은 사람들이 칭찬행위 자체를 칭찬하고 있는 이유도 이 때문이다.

우리가 일상생활을 하다 보면 칭찬 한마디가 대단한 효과를 발휘할 때가 있다. 칭찬은 어떤 보약을 지어 먹은 것보다 더 기분이 좋아지고 자신감을 생기게 하는 힘을 지녔다. 칭찬을 자주 하면 스스로도 기분이 좋아지고 주변까지 밝게 만든다. 이렇듯 너무나 당연한 사실을 알고는 있지만 활용은 잘 하지 않는 경우가 많다.

그런데 칭찬을 하는 것에도 요령이 있다는 사실을 아는가? 역시 제대로 하지 않으면 오해의 소지가 있다. 우선, 칭찬은 자세하게 해야 한다. 대충 훑어보고 '아, 분위기가 참 좋으시네요.' 라든가 '전체적으로 참 좋으시네요.' 라며 얼버무리면 '아, 당신에 대한 칭찬거리를 찾기가 힘이 드네요.' 하는 간접적인 표현을 하는 셈이다. 따라서 준비되지 않은 칭찬은 오히려 분위기를 어색하게 만들 수 있다.

우리 초등학교 때 짧은 글짓기를 기억해 보자. '(   )가 참 (   )시네요.' 라는 문장의 괄호 안을 채우는 식으로 상대방의 어떤 점을 자세하게 콕 집어서 칭찬하면 된다. 예를 들어, '립스틱 색이 정말 잘 어울리시네요.' 라든가 '안경테가 아주 세련되셨어요.' 같은 표현이 있다.

두 번째, 칭찬은 짧게 한다. 한 가지에 대해 짧게 해야 칭찬을 듣는 사람에게 신뢰감을 줄 수 있다. 애기할 때마다 칭찬만 늘어 놓다 보면, 진실되지 못한 인상을 심어 줄 수 있다.

마지막으로 칭찬은 솔직해야 한다. 평범하게 생긴 사람에게, '연예인 닮았다

는 말 많이 들어보셨죠?'라는 식의 칭찬을 하는 건, 상대방을 당황스럽거나 오히려 의아하게 만들 수가 있다. 앞뒤가 맞지 않고 마음에 없는 가식적인 칭찬은 그야말로 플라스틱 칭찬(Plastic praise)에 지나지 않기 때문에 가짜 훈장을 걸어주는 실없는 사람으로 보일 수도 있다.

이 세 가지 방법을 기억하면서 칭찬하는 연습을 하다 보면 자연스럽게 칭찬하는 습관이 생긴다. 그리고 칭찬을 받았을 경우에는 쑥스러운 마음에, '아이, 뭘요.', '아니에요.' 하면서 지나치게 겸손한 반응을 보이는 경우가 많은데, 그때에는 '감사합니다.' 등의 고마움의 표현을 간단하게 하면 된다.

한 걸음 더 나아가, 그 사람의 넥타이나 안경 같은 소품을 칭찬하는 것보다 그 소품들을 선택한 그 사람의 안목이나 인성 자체를 칭찬하는 것이 고급스러운 칭찬이라고 할 수 있다. 예를 들어, '넥타이가 참 잘 어울리시네요.' 보다는 '넥타이 고르는 안목이 훌륭하시네요.' 라는 칭찬이 더 효과적이라는 것이다. '자동차가 멋지시네요.' 보다는 '자동차가 멋지신데, 차에 대해 아주 잘 아시나 봐요.' 라는 식의 칭찬을 하는 것이 효과적이다. 어려운 일이라고 생각하지 말고 바로 지금부터 옆에 있는 사람에게 칭찬 한 마디씩 해 보는 건 어떨까?

## 나만의 전략적 사이버 이미지
### - 리포트를 위한 전자 우편

초등학교 때의 국어시간에 우리는 '원고지 쓰는 법'에 대해 철저하게 배웠다.

'제목은 첫 줄은 비우고 둘째 줄에 쓴다. 제목은 가운데 부분에 써서 좌우로 비슷하게 남긴다. 소속은 셋째 줄에 쓴다. 뒤에 남는 칸은 세 칸이 되도록 한다. 이름은 넷째 줄에 쓴다. 성과 이름은 붙여서 쓴다. 본문은…'

여기서 본문으로 들어가면 한없이 어려워진다. 워낙 복잡해서 시험에 출제되기도 했던 원고지 쓰는 법. 지금은 거의 활용되고 있지 않지만, 보기 좋고 읽기 좋은 '원고'를 위한 꽤나 많은 법칙들이 존재한다. 그런데 하루에 셀 수 없을 만큼 많이 주고 받는 전자 우편(Electronic Mail)에 관해서 우리는 따로 배워본 적이 없다.

기업교육에서도 마찬가지다. 열거하자면 끝이 없을 정도의 과목 분류 중에 전자 우편에 관한 부분은 없다. 실제 만남이나 전화통화보다 더 자주, 더 효과적으로 활용되고 있는 도구인데도 말이다.

　이런 상황이다 보니 전자 우편이 가진 많은 장점 즉 One to One이 가능한 툴, 속도 및 거리 공간 개념의 초월, 작성의 간편성과 즉시성 등이 땅 속에 묻히고 있는 것이 지금의 상황이다.

　지금부터, '프로페셔널(Professional)'을 위한 전자 우편 작성요령을 짚어 보겠다. 우선, 본인의 이름이 발신자에 실명으로 나타나야 한다. 예를 들어, 보낸 사람이 'woo'라고 써 있다면 다시 한 번 누군지 생각을 해 봐야 한다. '소나무', '기쁜 미소' 같은 닉네임은 본인에게는 절절한 사연이 있을지 몰라도 받는 사람에게 혼란만 야기할 뿐이다. 이제 익명의 시대는 갔다. 물론 내용을 보면 누가 보낸지 금세 알겠지만 제목민 봐도 명확하게 일 수 있도록 하는 것이 좋나. 보낸 사람의 실명을 보고, 바로 그 사람을 떠올릴 수 있도록 한다. 전자 우편도 자신을 표현하는 중요한 이미지 관리 수단이 될 수 있기 때문이다.

　공적인 전자 우편이라면 정해진 형식을 사용하는 것이 좋다. 받는 사람을 가장 먼저 명시해주고, 그 다음 인사말과 본인이 누구인지 밝히고, 본론을 작성한 다음, 끝인사와 함께 이름, 소속, 연락처를 가장 아래에 명함처럼 넣는 것이다.

　마지막으로 위의 내용들을 작성하는 순서이다. 사람인지라 실수를 하는 것이 당연하지만, 전자 우편은 특히나 실수를 저지르기 쉽다는 특성을 가지고 있다. 예를 들어, 첨부 문서를 빠트린다거나 추가해야 할 내용이 있다거나 심지어 수신인이 잘못되는 경우까지 있다.

　세 가지 경우 모두 받은 사람 입장에서도 당황스럽거나 황당하고, 보낸 사람 입장에서 역시 얼굴을 붉힐 일이다. 이를 방지하기 위해 예방주사의 역할을 하는 것이 바로 작성 순서를 지키는 것이다.

## 프로페셔널을 위한 전자 우편 작성요령

### 1. 쓰고자 하는 본문을 우선 작성한다

친애하는 OOO 대표님
⇒ 상대방의 이름을 부르는 것은 굉장한 친근감을 불러 일으킨다. 기회가 있을 때마다 상대방의 이름과 직함은 자주 불러주는 것이 좋다. 특히 화면으로만 만나게 되는 전자 우편에서는 더더욱 그렇다.

잘 지내고 계십니까? OO증권의 OOO 대표입니다.
⇒ 무조건 본론으로 들어가는 것보다 여유로운 인사 한마디와 나를 다시 한 번 명확하게 밝혀 주는 것이 부드럽고 당당해 보인다.

잘 지내고 계십니까?
⇒ 본론

그럼, 일간 찾아 뵙겠습니다.
⇒ 끝인사로 내용을 정리한다.

OO 증권 대표이사 OOO
전화번호, 주소, 전자 우편
⇒ 실제 만남에서 명함을 교환하는 것과 마찬가지로 소속과 연락처를 밝히되, 직접 사인한 이미지를 넣는 것이 보다 완벽한 방법이다.

### 2. 보내고자 하는 파일을 첨부한다

이런 순서가 손에 익으면, 첨부 파일을 실수로 빠뜨려 당황하는 경우는 없다.

### 3. 제목을 작성한다.

수신자가 자신의 편지함을 분류하는 데 편리하도록, 제목에 간단한 사안을 명시하는 것이 좋다. 예를 들어, 'IR 자료 검토건 입니다.' 또는 '안녕하십니까, OO 증권 입니다(IR 자료 검토건).' 와 같은 식으로 쓰면 된다.

### 4. 수신인을 명확하게 적는다.

자, 이제 한 단계 더 욕심을 내보자.

전자 우편은 '전자 편지(Electronic Mail)'이긴 하지만, 그 어떤 만남보다도 더 성공적인 커뮤니케이션의 도구가 될 수 있다. 단, 한 통의 전자 우편으로 상대방을 사로잡을 수 있는 훌륭한 역할을 하는 것이다.

전자 우편을 통한 만남을 위해서 우리는 시간약속을 잡을 필요도, 일정관리를 할 필요도, 외모에 신경을 쓸 필요도, 실시간으로 진행되는 대화로 인해 긴장을 할 필요도, 또 오고 가는 시간을 길 위에 뿌릴 필요도 없다. 어떤 경우에는 직접적인 만남보다도 더 의미심장한 이야기를 나누기에 편리하기도 하다.

이러한 전자 우편을 그저 결재서류 정도나 단순한 의견교환의 방법 정도로 사용한다면 매우 효과적인 커뮤니케이션 도구를 놓치는 격이다. 실제로 평소에 오가는 전자 우편에 자신의 개성을 드러낼 수 있는 표현과 함께, 상대방을 향한 관심과 배려를 '추가의 한마디'로 넣는다면, 요즘 회자되고 있는 '부드러운 카리스마'도 가질 수 있을 것이다. 이제부터라도 아는 척을 한 마디씩 해보자. 예를 들면, 'OO부장. 지난 번에 기침을 하던데, 감기는 다 나았는지 모르겠네.', '4월 정기모임 때 얼굴이 보이지 않아 섭섭했네. 이 달에는 꼭 만났으면 하네.', '지난 미팅 때 해주신 OO대표님의 조언대로 아침마다 조깅을 시작했습니다. 좋은 말씀 감사합니다. 최근 신문을 보니 성공하는 사람의 조건 중에 뱃살이 없어야 한다는 항목이 있더군요.' 등등의 따뜻한 말 한 마디씩 해보는 것이다.

정확해야 한다는 이유로 자칫 딱딱하거나 경직될 수 있는 업무 이야기 끝에, 이와 같은 '추가의 한마디'를 잘 활용하여 평소 친밀감을 형성한다면, '결정적인 순간'에 분명 커다란 힘이 되어 줄 것이다.

# Color Consulting

## 당신의 컬러를 결정하세요!

　　　　　　　옷을 구입하려고 모처럼 백화점 쇼핑을 즐기러 갔을 때 매장의 백열등 조명 아래에서는 모든 컬러가 아름답게만 보여 선택을 망설이고 있으면 매장 종업원에게 화려한 정장을 권유받은 경험이 누구에게나 있을 것이다. 다양한 컬러를 입어보고 흐뭇해 하며 A와 B를 놓고 한참을 고민하지만, 정작 구입할 때 선택하는 컬러는 검은색이 다수를 이룬다.

　이렇듯 일반적으로 옷을 구입할 때, 피부색이 노르스름한 황인종은 원색과 검은색이 잘 어울리지 않음에도 불구하고 그 색을 선호하는 경향이 많다. 자신을 드러내지 않고 상대에게 맞추고 배려하는 기질이 강한 동양인의 성향으로 무난한 검은색을 선택하는 의중이 엿보이지만 오히려 검은색은 노르스름한 피부를 부각시키거나 얼굴에 음영을 형성하여 자칫 더 크고, 창백하게 보이게 하여 나이를 들어 보이게 하는 경우가 있다. 이것이 곧 자신의 컬러를 찾아야 하는 이유이기도 하다.

　누군가 브라운 계열의 아이섀도로 그윽한 눈매를 자랑하면, 이내 빌려 자신도 브라운 메이크업을 시도해 보지만 주위에서 듣는 말은 '너 울었니?', '아파 보인다' 이다.

　흰색 티셔츠에 청바지를 입고 지나가는 사람이 너무나 세련되어 보여서 자신도 그처럼 입었는데 자꾸 후줄근한 속옷으로 보이는 것은 무엇 때문인지, 또 블루블랙 헤어 컬러로 염색해서 남들은 세련되어 보이는데, 자신에게서는 촌스러움을 느끼지는 않는지….

　우리는 수없이 많은 색에 에워싸여 있어도 자신의 컬러를 발견하지 못하는 경우가 많다. 인간이 받아들이는 정보의 70% 이상이 시각에 의존하는 만큼 일상생활이나 우리의 무의식 속에도 색의 의미는 크게 작용하고 있다. 자신을 돋보이게 하는 컬러를 진단하여 무엇인지 알아보고 그에 따른 활용 방안을 모색해 보자.

# 퍼스널 컬러 선정의 필요성

자신에게 어울리는 컬러 선정은 만족스러운 외모의 변화를 통해 심리적, 정서적인 변화까지 얻을 수 있으며, 더 나은 자신의 이미지로 긍정적인 평가를 얻게 되면 그에 따른 자신감으로 인해 자신의 능력을 극대화할 수 있다. 컬러 이미지를 통해 단순히 자신의 외적 이미지만 변화시킬 것이 아니라, 자신의 장단점을 파악해 자신이 추구하는 이미지를 통한 자아 정체성 확립을 위해 필요한 것이다.

## 퍼스널 컬러의 중요성

1. 좋은 이미지의 출발은 좋은 인상에서 비롯되므로 건강하고 누구에게나 호감을 주며 매력적인 인상을 전해 줄 수 있다.
2. 자신만의 색과 스타일은 커뮤니케이션 역할을 한다. 비언어적인 컬러 이미

지로도 개인의 정신건강과 사회적응의 척도를 지각할 수 있다.

## 퍼스널 컬러의 장점

1. 얼굴색을 보완한다.

    밝고 투명하며 화사하고 생기 있어 보이게 한다.

2. 얼굴형을 보완한다.

    일종의 착시효과로 얼굴이 작고 입체적으로 보이며 광대뼈, 턱 선 등이 두드러져 보이지 않는다.

3. 젊고 건강해 보인다.

    주름이나 그늘이 없고, 눈 밑 처짐과 다크서클, 기미, 잡티, 여드름 등이 두드러지지 않게 보인다.

4. 자신만의 이미지로 자신감을 높인다.

    색으로 자신의 단점을 보완하여 최대한 매력적이고 당당한 이미지를 보여주어 타인으로 하여금 긍정적인 평가를 받을 수 있도록 하면 보다 자신감 있는 생활을 영위할 수 있다. 즉, 자신의 능력을 발휘하는 데 좋은 결과를 가져온다는 말이다.

5. 경제적인 효율성이 있다.

    자신의 이미지나 색상을 알고 있을 경우 충동구매를 자제할 수 있고, 자신에게 필요한 소비가 형성 되므로 매우 경제적이다. 또한 기존의 의상과의 코디가 용이하다.

# 좋아하는 컬러 VS 어울리는 컬러

### 좋아하는 컬러

부모님이 선호하는 컬러에서 영향을 받기도 하고, 심리적인 면과 성격적인 면에서 크게 좌우된다. 이렇게 좋아하는 컬러는 소유할 수 있으며, 성장과정에 따라 그 기호도가 달라지고 무의식 속에 잠재되어 있다.

### 어울리는 컬러

사람에게는 누구나 베스트 컬러가 있는데, 눈동자 색, 피부색, 머리카락 색은 어울리는 색을 선정하는 데 중요한 요소가 된다. 이는 선천적인 색으로 변하지 않는 컬러이기도 하다.

자신에게 어울리는 컬러를 선정하며 이러한 컬러들과 함께 완벽하게 의상과 화장을 코디네이션하면, 진정한 자신을 나타낼 수 있는 새로운 이미지를 창출할 수 있을 것이다.

이제 자신에게 어울리는 컬러 찾기로 들어가 보자.

첫 번째 단계는 이제까지 사는 동안 특히 자신에게 잘 어울렸던 색이 무엇이 었는지 찾아보는 것이다.

두 번째 단계는 메이크업을 통하여 간단한 자가진단을 하는 방법이다. 이때에는 여러 사람들과 함께 평가하는 것이 좋다. 왜냐하면 스스로를 객관적으로 바라보기는 어렵기 때문이다. 그럴 때는 다른 사람들의 조언이 매우 도움이 된다. 특히 타인이 본 자신의 모습에는 시각적인 효과가 많은 부분 일치할 수 있다.

세 번째 단계는 진단 천을 이용한 전문가들의 진단방법을 소개하고자 한다. 만일 진단 천이 있다면 스스로 진단하여도 무관하다.

## 1단계 - 자신의 컬러 히스토리

다음에 있는 컬러 그룹 중에서 보편적으로 자신을 가장 돋보이게 한다고 느끼는 것을 선택해 본다.
그 과정을 통해 직관적으로 시원한 색깔과 따뜻한 색깔 중 어느 것이 자신에게 더 잘 어울리는지 알 수 있을 것이다.

여름과 겨울 컬러 그룹은 시원한 파란색 계열이 포함된 컬러들이다. 가을과 봄은 따뜻한 노란색 계열이 포함된 컬러들로 구성된다.

최근 자신의 옷장에 걸려있는 옷들로 자신의 컬러 그룹 결정의 기준을 삼지는

말자. 그것은 최근 흐름의(유행) 결과일 뿐 자신에게 필요하지는 않을 것이다.

  이 테스트는 비교를 기본으로 한다. 각 컬러는 아마 자신이 입었던 컬러들을 포함하고 있을 것이다. 그러나 그것들이 다 똑같이 잘 어울렸는가? 스스로에게 '어느 그룹의 컬러가 자신에게 최고로 잘 어울렸는가?' 물어보자.

| COOL | | WARM | |
|---|---|---|---|
| 겨울 | 여름 | 가을 | 봄 |
| 남색 | 하늘색 | 어두운 갈색 | 골드 브라운 |
| 검정 | 로즈 브라운 | 낙타색 | 골드 옐로 |
| 흰색 | 회청색 | 베이지 | 노르스름한 베이지 |
| 레드 | 핑크 | 오렌지 | 살구 |
| 쇼킹 핑크 | 연보라 | 골드 | 아쿠아색 |
| 회색 | 회보라색 | 카키그린 | 살구 핑크 |

## 2단계 - 스스로 컬러 진단하기

먼저 가지고 있는 메이크업 제품으로 스스로 진단해 보자. 자신에게 어울리지 않는 색의 립스틱과 블러셔를 해보는 것이 따뜻함과 차가운 피부 톤을 구별해내는 가장 빠른 방법이다. 립글로스도 괜찮고 어떤 타입의 블러셔도 괜찮다. 비록 자신이 메이크업하는 것을 즐기지 않더라도 이 3가지 테스트를 통하여 자신의 계절을 찾는 데에 많은 도움이 될 것이다.

### 1. 각각 금색과 은색의 색종이가 있다

손에 모든 액세서리를 풀어놓고 양 페이지에 각각의 손을 올려 놓는다. 이번엔 손을 반대로 바꿔본다. 손등, 손바닥, 손목의 느낌을 관찰해 보자. 어느 쪽이 더 깨끗하게 보이고 마디가 얇아 보이며 부드러운 느낌이 드는가?

일반적으로 은색의 느낌이 깨끗해 보일 수 있으나, 창백하고 파르스름한 느낌은 좋지 않다. 만약 금색이 어울리면 'Warm', 은색이 어울리면 'Cool'이라고 볼 수 있다.

### 2. 손쉽게 구별하는 방법으로 얼굴 전체를 활용한 메이크업 테스트를 해본다

우선 얼굴을 중앙 세로로 분리해서 한쪽 눈두덩이와 반대쪽 입술에 그린 아이

섀도와 오렌지 계열의 립스틱을 바른다. 그리고 다른 한쪽 눈과 반대쪽 입술엔 블루 계열 아이섀도와 와인 컬러 립스틱을 바른다. 정면에 각각 4가지 컬러의 메이크업이 비춰진다. 그리고 종이를 세로로 세워 각각 한쪽을 가려가며 자신의 피부색, 머리카락 색, 눈동자 색에 가장 잘 어울리는 타입을 둘 중에 선정한다.

만약 그린과 오렌지 계열이 어울리면 'warm', 블루와 와인 계열이 어울리면 'cool' 일 것이다.

### 3. 립스틱과 블러셔의 느낌을 알아보자

그룹을 활용하여 진단해 보자. 많은 여성들이 어울리지 않는 립스틱을 바르기 때문에 누군가에게 잘 어울리는지를 물어보고 싶을 것이다. 흰색 셔츠나 또는 색감이 적은 옷을 입고 테스트를 한다. 피부 화장은 하지 않는다(특히 파운데이션은 하지 않는다. 왜냐하면 자연스러운 피부색이 필요하기 때문이다).

**자신에게 맞는 계절별 컬러**

| 계 절 | 시원한 계절 사람 | | 따뜻한 계절 사람 | |
|---|---|---|---|---|
| | 겨울 | 여름 | 가을 | 봄 |
| 립스틱 | 진핑크, 보라, 레드 | 핑크, 핑크베이지 | 오렌지, 적갈색 | 살구 |
| 블러셔 | 와인 | 핑크 | 오렌지 | 살구 |

어떤 립스틱이나 블러셔를 사용하든 지간에 언제나 비교를 해서 판단한다. 한 개의 컬러가 좋다면 그 반대의 컬러는 더 좋다는 것을 의미한다. 나쁜 색은 없다.

겨울의 경우 오렌지색보다 핑크나 진보라색이 더 잘 어울린다. 가을사람은 유일하게 오렌지색이 어울리는 사람이고, 여름사람은 진하지 않는 색 중에서 오렌지 계열보다는 핑크가 더 잘 어울릴 것이 확실하다. 봄사람은 오렌지보다 밝고 가벼운 느낌의 살구색이 잘 어울린다.

어느 정도 자신의 컬러 톤을 이해했다면 진단 천을 이용한 진단법을 알아보자.

## 3단계 - 진단 천 이용하기

전문가들이 사용하는 진단 천이 없다면 단색의 스카프나 블라우스 등을 대신 사용해도 된다. 단, 무늬가 있는 것은 피하도록 한다. 이 테스트는 비교에 기초를 두고 있다. 여러 차례 두 개의 컬러를 번갈아 가며 비교해 보고 어느 것이 더 잘 어울리는지를 찾으면 된다. 자신과 가장 어울리는 계절이 어디인지 명확하게 느껴질 때까지 몇 번이고 두 개의 천을 비교해가며 테스트를 해 볼 필요가 있다.

## 테스트에 필요한 몇 가지 규칙

1. 선탠을 한 경우에는 정확한 진단이 어렵다.

2. 인공조명보다는 자연광 아래에서 한다.

3. 메이크업을 지우고 액세서리 역시 착용하지 않고 테스트 한다.

4. 큰 흰 셔츠나 시트지로 입고 있는 옷을 덮는다. 그것은 눈이 판단하는 데 도움을 줄 것이다(입고 있는 옷이 진단 천의 색에 영향을 미칠 수 있기 때문이다).

5. 만약에 머리카락을 염색했다면 머리카락 역시 흰색 천으로 감싸도록 한다. 컬러를 볼 때 진단 천뿐만 아니라 머리카락 색도 피부에 영향을 미치기 때문이다. 많은 사람들이 머리카락 색 때문에 자신의 계절을 찾는 데 어려움을 겪는다.

6. 이제 두 명 이상의 다른 사람에게 의견을 물어보자. 어떤 사람은 그 컬러가 자신에게 어울리는 것보다 자신이 좋아하는 컬러를 선택할지도 모른다. 그룹의 의견을 물어보도록 하자.

7. 개인적으로 좋아하는 색을 보려고 하면 안된다. 색을 판단하지 말고 피부색을 가장 잘 드러낼 수 있는 색을 찾아야 한다. 자신이 진단 천을 얼굴 아래를 가리고 있을 때 반드시 기억해야 하는 한 가지 규칙은 색을 보지 말고 얼굴을 보라는 것이다.

다시 한 번 말하지만 이 테스트는 비교하는 것에 기초를 두고 있다. 하나의 컬러가 좋다면 반대의 컬러는 더 좋을지도 모른다. 항상 어느 것이 더 좋은지를 찾는다. 자신에게 잘 어울리는 컬러와 그렇지 않은 컬러는 진단 천을 얼굴 아래 두었을 때 각각의 색이 얼굴을 어떻게 보이게 하느냐에 달렸다. 유심히 관찰해 보도록 하자.

### 어울리는 컬러(The right color)

- 피부가 부드럽고 맑다.
- 얼굴이 작아지고 그늘이 없어진다.
- 건강한 혈색이 되살아난다. 색이 얼굴을 살려줄 것이다.

### 어울리지 않는 컬러(The wrong color)

- 피부색이 어둡고 칙칙해 보이거나 창백해 보이며, 누렇게 떠 보인다.
- 얼굴 선이 흐릿해지고 입과 코 주변, 그리고 다크서클이 심하게 보일 것이다.
- 나이가 더 들어 보일 수도 있다.
- 주름이나 그늘, 기미, 잡티 등이 더욱 짙어지는 변화를 가져오며 얼굴형이 평면으로 변하여 커 보일 수 있다.
- 인상이 강해 보이거나 창백해 보여서 아파 보일 수 있다. 얼굴보다 색깔이 더 눈에 띌 것이다.

 1단계와 2단계에서 선택한 두 개의 계절 색을 비교해 보자.

 만약에 따뜻한 계절과 차가운 계절을 아직 선택하지 못 했다면, 립스틱을 지우고 테스트를 해보자. 립스틱 색이 영향을 미쳤을 수도 있기 때문이다.

 일반적으로 한국인의 계절 성향은 여름이 67%, 가을이 21%, 겨울이 11%의 통계를 보인다.

## 퍼스널 컬러 활용 방안

자신이 타고난 컬러, 신체 특징, 개성을 고려하여 색깔들을 잘 조화시켰을 때 퍼스널 컬러는 최고의 효과를 나타낸다.

자신만의 컬러인 퍼스널 컬러 안에서 컬러를 선택하고, 자신의 취향에 따라 잘 조합시켜야 한다. 각각의 계절색들은 부드럽거나, 선명한 색감을 가지고 있다. 사람에 따라서 부드러운 색감이 어울리기도 하지만 또 다른 경우에는 선명한 색감의 옷이 최고로 잘 어울리기도 한다. 또 어떤 경우에는 자연스러운 색이 더 잘 어울리기도 한다. 컬러는 전반적으로 어느 색이든 사용할 수 있지만 퍼스널 컬러는 그러한 색들 중에서 특별히 잘 어울리는 컬러들의 집합이다.

얼굴 가까이에는 특히 가장 잘 어울리는 컬러를 입어야 한다. 어울리지 않는 컬러는 얼굴에서 먼 쪽에 입거나, 액세서리를 이용하여 사용할 수 있다. 어울리지 않는 색을 입지 말라는 것이 아니라, 스커트나 팬츠, 액세서리로 사용하면 된다.

퍼스널 컬러를 이용하여 자신을 최고로 돋보이게 하기 위해 계절을 알아보도록 한다. 먼저 계절에 따라 분류된 색의 색종이를 잘라 자신만의 컬러 견본을 만들어서 늘 지니고 다니면서 눈에 익히도록 한다. 그리고 집에 있는 옷들을 이 컬러 견본과 비교하면서 색을 익힌다.

다음으로는 아이쇼핑을 하면서 자신에게 어울리는 옷의 색감을 익히도록 한다. 옷을 구입한다면 먼저 베이직한 색감의 옷을 선택하도록 한다. 베이직한 색감은 회색이나 베이지처럼 중간 정도 밝기의 색감들이다. 이런 컬러가 자신을 코디할 기본이 된다. 한번에 모든 색을 입으려고 할 필요는 없다. 해마다 새롭게 유행하는 색이 등장하고, 그 색 안에서 자신에게 어울리는 컬러를 찾아주면 된다. 그러면 마침내 모든 색을 입어볼 수 있을 것이다.

퍼스널 컬러를 이용하여 옷을 입고 자신을 더 돋보이게 하고 싶다면 블러셔를 하자. 메이크업을 즐기지 않더라도, 블러셔는 꼭 하길 권한다. 더 자연스럽고 건강해 보이고 예쁘게 보일 것이다. 또한 자신에게 어울리는 컬러에 익숙해지려고 노력하면 새롭게 유행하는 색을 접하더라도 그 속에서 자신에게 어울리는 색을 찾을 수 있을 것이다. 컬러 견본은 절대적인 것은 아니지만 가이드로 활용하기에 실용적이다. 매장에서 판매되는 옷의 색들과 비교하여 보면 실제적이지는 않지만 옷을 구입하는 데는 유용한 가이드 라인이 될 것이다. 아직도 컬러 견본을 제작하지 못하였다면 몇몇 연구소의 이미지 컨설팅을 통하여 구할 수도 있다.

사계절 중에서 봄의 느낌은 따뜻하고 부드럽다. 봄에 해당되는 사람 역시 따뜻하고 온화한 느낌이 강하다. 크림처럼 깨끗하거나 복숭아처럼 예쁘게 발그레한 피부를 지녔거나 귀엽게 주근깨가 있는 경우도 있다. 타고난 머리카락 색이 갈색으로 보통의 사람들보다 밝고 노르스름한 경우가 많다.

봄의 사람들은 따뜻하고 부드러운 이미지가 있으면서도 봄의 새싹들처럼 나이가 들어도 귀여운 이미지를 늘 지니고 있다. 이처럼 봄에 해당되는 사람들은 귀엽다는 얘기를 자주 듣는다.

### 퍼스널 컬러를 이용한 봄 사람들의 이미지 플랜

생동감이 느껴지는 컬러를 활용해 보자. 생동감이 느껴지는 컬러란 봄의 대표적인 색인 개나리색, 새싹의 연두색, 살구색 등은 흐릿하지도, 너무 강하지도 않은 밝은 컬러들이다. 따라서 좀 차분한 감이 있는 회색이나 낙타색, 갈색 등은 잘 어울리지 않는다. 또한 원색의 파란색이나 남색, 보라색 등은 선명하긴 하지만 강한 느낌이 있으므로 피하도록 한다.

#### 메이크업<<<

아이섀도는 연두, 노랑, 밝은 펄 등의 과감한 색들도 잘 어울린다. 갈색을 활용한 깊이 있는 메이크업이나, 스모키 메이크업은 피하도록 한다. 립메이크업은 립글로스를 이용하여 귀엽고 사랑스러운 느낌을 강조하면 좋다. 립라인이 선명한 메이크업은 성숙함을 강조하는 데에 도움이 되므로 봄의 이미지와는 상반된다.

### 소품 활용<<<

옷으로 사용하면 이미지와 잘 어울리지 않는 색들 중에서는 가방이나 구두 등 소품으로 사용하면 좋다. 봄사람은 어리고 부드러운 이미지가 강하기 때문에 이를 보완하고자 할 때에 얼굴에서 멀리 떨어진 곳에 보다 강하고 선명한 색을 사용하는 것이다. 가방의 경우 보라색, 청록색, 밤색 등 어두운 색을 사용하면 가벼운 이미지를 한층 보완할 수 있다. 가방이나 구두, 벨트에 오는 금속장식은 가능하다면 금색 계열로 맞추도록 한다. 금색은 따뜻한 성질이 있어서 봄사람과 잘 어울리기 때문이다.

### 헤어 스타일<<<

앞머리를 귀엽게 자르거나 하나로 올려 묶은 포니테일 스타일, 웨이브가 없는 단발머리 등이 잘 어울린다. 성숙한 이미지를 가지고 싶다고 하여, 길게 웨이브 진 스타일이나 올림머리를 한다면 실제보다 나이가 들어보일 뿐 성숙한 이미지를 내기에는 역부족일 것이다. 오히려 짧은 단발에 귀밑머리를 앞으로 낸 일명 아나운서 스타일이 타고난 귀여움과 함께 성숙한 이미지를 나타낼 수 있다.

여름사람의 피부는 창백하거나 발그레하다. 그들은 피부가 윤기가 나고, 장미빛 홍조를 지니고 있다. 반면 좋지 못한 경우에는 창백한 기운이 강하여서 얼굴에서 회색의 그늘이 보이는 경우도 있지만, 붉은 기운이 너무 많아서 상기된 듯한 피부색인 경우가 있다. 후자의 경우에라도 퍼스널 컬러를 잘 활용하면, 붉은 기운도 보기 좋은 홍조로 보이게 하고, 창백한 기운도 한층 화사하게 연출할 수가 있다. 여름사람의 머리카락 색을 보면 검은색보다는 어두운 갈색이나 어두운 회갈색인 경우가 많다. 한국사람의 50% 이상은 여름사람일 확률이 높다.

### 🍭 퍼스널 컬러를 이용한 여름사람들의 이미지 플랜

여름사람들은 우아하고, 성숙한 로맨틱의 이미지가 강하다. 따라서 강한 개성이 느껴지는 원색(파랑, 보라 등)이나 봄사람에게 잘 어울리는 선명한 색(연두, 살구)보다는 부드러운 느낌의 파스텔 톤이 잘 어울린다. 파스텔 톤은 흰색이나 회색이 가미되어 한층 절제되고, 고급스러운 느낌이 강하다.

#### 메이크업<<<

핑크, 연보라 등의 한국인들이 가장 선호하는 아이컬러들이 가장 잘 어울리는 타입이다. 눈의 깊이감을 강조하거나 립컬러만을 강조하는 악센트 메이크업보다는 여름사람 특유의 부드러운 느낌이 나도록 메이크업하는 것이 필요하다. 진보라, 진 밤색 등을 생략하고 핑크, 연보라, 하늘색 등의 아이섀도로 색감을 표현한 뒤, 펜슬이나 젤 타입의 아이라이너로 마무리한다. 블러셔는 오렌지 계열을 절대적으로 피하고, 핑크색을 사용하도록 한다. 마스카라나 아이라인을 갈색 계열로 하는 것도 좋다. 입술 역시 오렌지 계열보다는 핑크 계열을 사용하는데 립글로스의 사용은 자제하도록 한다.

#### 소품 활용<<<

파스텔의 느낌이 부드럽고 우아하듯이 의상 스타일 역시 그렇다. 따라서 파스텔 톤의 파시미나 등이 잘 어울린다. 액세서리를 할 때에는 광택을 최소한으로 하여야 특유의 고급스러운 느낌을 살려줄 수 있다. 핑크베이지의 진주, 무광의 실버 액세서리가 잘 어울린다.

### 헤어 스타일<<<

내추럴한 것이 잘 어울린다. 퍼머나 드라이를 하더라도 인위적인 느낌이 없도록 연출하는 것이 좋다. 단발머리의 경우에는 우아한 느낌이 나도록 웨이브진 긴 앞머리를 내는 것도 좋다.

# 가을 *Autumn*

가을사람들은 봄처럼 크림 빛의 깨끗한 피부나 주근깨가 있는 경우도 있으나, 때로는 봄과 다르게 얼굴색이 거무스름하여 탁한 경우도 있다. 머리카락은 보통의 어두운 갈색이 대부분이며, 머리 숱이 많고 눈에 띄게 부스스한 경우도 있다. 눈의 표정이 부드럽고 포근하여 눈빛이 약하지만 가을사람에게서는 깊이 있는 분위기가 느껴지는 경우도 있다.

## 퍼스널 컬러를 이용한 가을사람들의 이미지 플랜

하늘색, 파란색 등의 블루 계열을 제외하고는 대체로 시중에 나와있는 의상들의 색이 잘 어울리는 편이다. 블루 계열을 활용하고 싶다면, 청록색, 바다색 등의 어두운 아쿠아 색을 활용하면 된다. 베이지색, 버터색, 골드, 희뿌연 녹색, 주황색 등의 차분하면서도 따뜻한 컬러들이 잘 어울린다.

### 메이크업<<<

이들은 자칫 혈색이 창백하거나 혹은 누르스름하게 보일 수 있기 때문에 메이크업 시에 혈색을 주는 것이 중요하다. 오렌지 계열의 블러셔나, 립스틱을 활용하면 쉽고 자연스럽게 연출할 수 있다. 오렌지는 가을만 쓸 수 있는 색상이면서 가을의 베스트 컬러이다. 가을이라 하여 갈색의 아이섀도만 고집하기보다는(비록 갈색이 가을사람에게 잘 어울리는 색이지만) 골드 펄 아이섀도처럼 화사한 컬러와 함께 쓰는 것이 좋다. 때로는 진녹색, 카키색 등으로 분위기 있는 메이크업을 하는 것도 좋다. 핑크는 피한다.

### 소품 활용<<<

캐시미어나 시폰 소재의 숄을 활용해 보자. 가을사람의 느낌에 가장 잘 어울린다. 벨트나 가방 등의 금속 장식은 골드로 하고, 액세서리 역시 골드가 매우 잘 어울린다. 진주를 사용할 때에도 베이지색의 진주가 잘 어울리며 흑진주나 백색의 진주는 피하는 것이 좋다.

### 헤어 스타일<<<

길게 늘어뜨리거나 드라이되어 부드럽게 얼굴을 감싸는 스타일이 잘 어울린다. 컬이 작은 펴머나 스트레이트 헤어 스타일은 너무 가볍거나 딱딱해 보여 피하는 것이 좋다. 헤어 색상은 적갈색이나 일반적인 밤색, 올리브색 등이 잘 어울린다.

# 겨울 Winter

겨울사람의 경우에는 누르스름한 피부를 가진 경우가 많다. 이 때문에 가을과 혼동되는 경우가 있는데 이는 간단한 진단 천 테스트를 통해서 쉽게 구별해 낼 수 있다. 골드색을 얼굴 아래에 가져갔을 때 가을사람은 매우 잘 어울려서 특유의 따뜻함이 살아나지만, 겨울사람은 얼굴에 더 노란 기운이 느껴지고 지쳐보이기 때문이다. 머리카락 색이 다른 계절의 사람들에 비해 검은 편인데, 흑발은 겨울사람이긴 하지만 실제로 우리나라 사람 중에 염색을 한 듯 타고난 짙은 블랙 헤어는 드물다. 눈의 표정이 강한 편이라 드라마틱하고 카리스마가 느껴지는 경우가 많다.

## 퍼스널 컬러를 이용한 겨울 사람들의 이미지 플랜

블랙은 겨울사람에게 베스트 컬러이며, 진보라, 파랑, 꽃 핑크 등의 컬러처럼 강한 느낌의 원색과 흰색, 흰색에 가까운 회색 등의 아주 밝은 색이 잘 어울린다. 희뿌연 파스텔 톤은 잘 어울리지 않는데, 가지고 있는 드라마틱한 느낌을 살려주지 못하기 때문이다. 파스텔 톤과 함께 겨울사람이 특히 피해야 할 색상은 골드, 노란색이다. 이러한 색들은 피부의 노란 기운을 부각시켜서 얼굴색의 단점을 부각시키게 된다.

### 메이크업<<<
겨울사람은 깨끗하고 선명하게 메이크업을 하는 것이 좋다. 입술과 눈 한쪽에만 포인트를 주도록 한다. 레드 계열의 립스틱이 잘 어울리며, 흰색이나 은색의 펄 등의 아이섀도와 보다 선명하고 정교한 아이라인을 이용하여 아이메이크업을 표현하면 좋다. 입술 메이크업은 아랫입술의 가운데에 립글로스를 살짝 덧발라 윤기나게 표현하거나, 립라인을 선명하게 하여 깔끔한 느낌을 강조하도록 한다.

### 소품 활용<<<
백금, 다이아몬드, 유색 유광 스톤의 액세서리 등이 매우 잘 어울린다. 흰색이나 블랙의 상의는 매우 드라마틱하게 보일 수 있다. 베이지나 갈색처럼 흐릿한 색상은 가방이나 신발 등에 활용하는 것이 좋다.

### 헤어 스타일<<<
층을 내지 않는 일자의 스트레이트 머리나 어떠한 기교도 부리지 않은 단발머리, 앞머리를 모두 올려 하나로 묶거나, 클레오파트라의 앞머리처럼 일자로 자른 뱅 스타일 등 정돈되고 직선적인 느낌의 헤어 스타일이 잘 어울린다. 염색을 한다면 블루블랙이나 짙은 회갈색이 좋다.

# Silhouette Consulting

## 실루엣 지수 진단지

각 항목을 잘 읽어보고, 빈칸에 자신에게 해당되는 부분에 "그렇다 (2) / 보통이다 (1) / 아니다 (0)"로 점수를 적은 후 맨 아래 칸에 합계를 구해 보자.

|  | A | B | C | D |
|---|---|---|---|---|
| 1. 머리가 커 보여서 고민이다. | | | | |
| 2. 하의 구입 시 엉덩이 사이즈에 맞추면 늘 허리가 남는다. | | | | |
| 3. 턱 끝에서 B.P까지의 길이가 얼굴 길이와 같지 않다. | | | | |
| 4. 셔츠 남방(드레스 셔츠)을 입으면 늘 목이 답답하다. | | | | |
| 5. 허리가 긴 편이다. | | | | |
| 6. 바지보다 스커트가 잘 어울린다. | | | | |
| 7. 가족이나 애인이 골라주는 옷만 입는다. | | | | |
| 8. 큰 가슴 사이즈 때문에 셔츠를 입을 수가 없다. | | | | |
| 9. 옷이나 스타일, 신체에 대하여 고민하는 시간이 아깝다. | | | | |
| 10. 매번 옷을 살 때마다 내 사이즈가 헷갈린다. | | | | |
| 11. 다리가 짧아 보여서 고민이다. | | | | |
| 12. 팔이 굵어서 여름이 두렵다. | | | | |
| 13. 옷을 살 때에 나에게 잘 어울리는 것이 어떤 것인지 판단하기 어렵다. | | | | |
| 14. 어깨가 너무 좁아서 고민이다. | | | | |
| 15. 평균보다 팔이 긴 편인 것 같다. | | | | |
| 16. 정장 재킷이 다른 사람들보다 특히 더 불편한 것 같다. | | | | |
| 17. 특별히 좋아하는 옷 스타일이 없다. | | | | |
| 18. 엉덩이가 납작한 사람이 부러울 때가 있다. | | | | |
| 19. 허리라인의 굴곡 있는 몸매가 부럽다. | | | | |
| 20. 종아리가 굵어서 타이트한 롱 부츠가 잘 맞지 않는다. | | | | |
| 21. 내 몸의 문제점에 대해서 잘 모르겠다. | | | | |
| 22. 똑바로 섰을 때 엉덩이보다 허벅지의 너비가 더 넓다. | | | | |
| 23. 뱃살 때문에 재킷 단추를 잠그기가 어렵다. | | | | |
| 24. 나에게 잘 어울리는 옷을 고를 때에 상의보다 하의 선택이 더 어렵다. | | | | |
| 합 계 | | | | |

앞의 문항들은 스스로 옷을 구입할 때 문제로 작용되어 자신을 표현하는 데 장애가 될 뿐만 아니라 심리학자들이 흔히 말하는 '네거홀릭스'라고 해서 '부정중독증'을 야기시켜 성공 자화상을 놓치게 만드는 요인이 된다.

A, B, C, D 각 합계를 정산해서 높은 점수에 해당되는 자신의 문제형을 진단하고 그 문항에 해당되는 해결책을 알아보자.

A의 점수가 높은 경우 ⇒ 상체문제형
B의 점수가 높은 경우 ⇒ 하체문제형
C의 점수가 높은 경우 ⇒ 비율문제형
D의 점수가 높은 경우 ⇒ 감각문제형

A, B, C, D 중 가장 높은 점수는 의상을 선택하는 데 신중해야 할 자신의 결점을 나타내며, 단추의 개수나 위치만 바꿔도, 브로치의 위치만 옮겨도, 벨트의 너비만 달라져도, 색상과 디자인에 변화만 주더라도 결점을 보완하고 자신의 아름다움을 돋보이게 할 수 있는 방법을 찾을 수 있을 것이다.

결국, 선천적으로 타고난 체형의 문제점보다는 입고 있는 의상에서 문제점을 발견할 수 있으며, 누구나 자신의 체형을 이해하면 결점을 보완하고 그에 따른 이미지 표현으로 해결 방법을 찾을 수 있을 것이다.

# 실루엣 지수 진단에 따른 이미지 보완 컨설팅

**A - 상체문제형**  문제 4. 셔츠 남방(드레스 셔츠)을 입으면 늘 목이 답답하다

## 🌀 목이 굵고 짧은 형

**해결 Point** 1. V네크라인이나 U네크라인을 활용한다.

일반적으로 뚱뚱하거나 키가 작은 체형으로 코디에 신경을 써야 하는 몸매이다. 가능한 목을 드러내는 것이 효과적이다.

답답한 느낌을 줄일 수 있도록 라운드 라인보다는 깊이 파인 V네크라인이나 U네크라인, 또는 셔츠를 입더라도 첫 번째 단추를 풀어 목을 많이 노

출시키는 디자인이 낫다.

  단, 목을 많이 드러낼 경우 짧은 목을 강조할 수 있으므로 주의해야 한다. 상의 소재는 실크, 울, 레이온 등 부드러운 질감을 이용하고 피부색에 가까운 파스텔 계열이나 밝은 색상의 상의를 입도록 한다.

  칼라 모양이 독특하거나 탄력 있고 뻣뻣한 느낌이 드는 소재의 상의는 둔탁한 느낌을 줄 수 있으므로 피한다. 노 칼라 재킷과 탱크 탑으로 코디하는 것이 바람직하다.

### 해결 Point 2. 액세서리를 절제한다.

  스카프나 넥타이 착용 시 길게 매주고, 부피감이 느껴지지 않도록 연출하여 목선이 복잡해 보이지 않도록 한다.

  V네크라인에 길게 늘어지는 귀걸이로 포인트를 주고, 가슴에 브로치보다는 허리를 장식하는 독특한 디자인의 버클이 있는 벨트를 매보자.

  오픈된 상의에 긴 목걸이를 이용하는 것도 결점 커버에 한 몫을 한다.

### 해결 Point 3. 입술 화장보다는 눈 화장에 포인트를 준다.

  메이크업 시 파운데이션은 얼굴 선과의 경계를 최소화하기 위해서 목선까지 펴 주도록 한다.

  입술은 화사한 색으로 바르고 눈 화장을 강조하면 짧은 목선에 시선이 머무르는 것을 방지할 수 있다.

**해결 4. 짧은 헤어 스타일이 어울린다.**

 가능한 짧게, 부풀리지 않고 붙이는 스타일이나 긴 머리의 경우에는 머리를 얼굴 뒤로 빗어 넘기는 스타일을 한다.

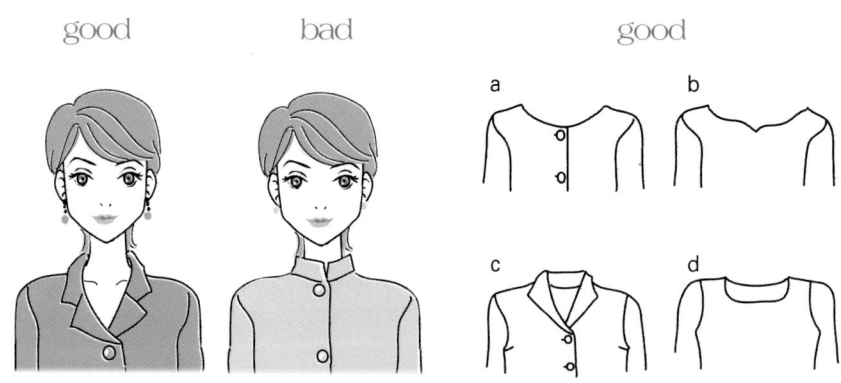

## 목이 가늘고 긴 형

**해결 1. 터틀넥 니트웨어가 잘 어울린다.**

 지적인 분위기를 주는 체형이지만 지나치게 가늘고 길다면 오히려 균형이 맞지 않아 나약해 보이는 이미지를 줄 수 있다. 가급적 그대로 노출하지 않는 것이 좋다.

 이러한 결점을 커버하기 위한 최적의 코디는 터틀넥의 니트웨어나 목선 위까지 올라오는 하이칼라 셔츠, 보석이 박힌 넥으로 목을 감싸주는 것이

적합하다. 목 부분이나 칼라 모양이 러플이나 주름이 있어 볼륨감을 주는 것도 안정감을 줄 수 있다.

목선이 드러나는 옷을 입을 때는 화사한 스카프나 머플러를 센스 있게 이용한다면 긴 목을 보완할 수 있을 뿐 아니라, 개성 있는 분위기를 내는 데도 효과를 볼 수 있다.

**해결 Point 2. 액세서리는 화려하게 연출한다.**

귀걸이나 목걸이는 크고 화려한 것으로 하고 목걸이는 길게 늘어지지 않는 목선에 맞는 둥근 형이 좋다.

긴 목의 장점을 살려 재킷, 셔츠의 칼라를 세운 후 목걸이나 브로치를 활용하여 악센트를 준다.

귀걸이는 크고 흔들리는 드롭 형을 착용하여 시선을 분산시킨다.

**해결 Point 3. 화장은 산뜻하게 한다.**

가는 목선으로 연약한 이미지를 보완하기 위해 산뜻한 화장으로 얼굴을 강조한다.

눈 화장보다는 입술 색상을 짙고 강렬하면서 생동감 있는 빨강, 와인, 체리핑크 등으로 선택한다면 긴 목을 보완할 수 있다.

**A** -상체문제형  문제 8. 큰 가슴 사이즈 때문에 셔츠를 입을 수가 없다

## 가슴이 큰 체형

**해결 Point** 1. 가슴 부분이 깔끔하게 처리 된 슈트나 원피스를 선택한다.

결점 부분을 감추려고 박스 스타일을 많이 입는데 오히려 그 부피만큼 커 보일 수 있다. 어깨 패드가 들어간 남성복 스타일의 큰 박스 재킷도 효과적이다.

디자인은 큰 무늬나 가슴 부분에 아웃포켓이 있어서 볼륨감이 느껴지는 상의는 결점을 강조하므로 피하고, V네크라인이나 곡선처리 한 것, 두꺼운 소재의 하의로 상하의 균형을 이루는 것이 효과적이다.

라운드 티를 입더라도 V존의 재킷을 입음으로써 시원한 느낌을 살려준다. 반소매의 경우에도 가슴 부분에서 끝나는 소매는 피하고 긴 소매를 이용하여 소매를 걷어 가는 부분을 보여주거나 8부 소매로 가는 부분을 노출시킴으로써 오히려 큰 가슴을 커버하게 한다. 어떠한 경우에도 가슴에 시선이 집중되지 않도록 소매나 그 외 다른 부분에 무늬가 위치하도록 디자인된 옷이 좋다.

**해결 Point** 2. 상의는 짙고 어두운 색상이 어울린다.

가슴이 커서 맵시가 안 나는 경우에는 피부색에 관계없이 상의의 색상을 와인색이나 카키색, 짙은 회색 등의 어두운 색상을 선택하면 안정되게 정리

가 되면서 지적인 이미지를 떠올려 주는 효과가 있다.

밀착되는 스타일을 입을 경우에는 앞 여밈이 겹쳐지는 것, 세로로 분할된 디자인을 선택하는 것이 좋다.

### Point 3. 지나치게 화려한 액세서리는 피한다.

화려하게 번쩍이는 브로치는 오히려 정돈된 이미지를 깨뜨리므로 피한다. 전체적으로 산뜻하면서도 깔끔하게 포인트를 줄 만한 액세서리를 활용한다.

## 가슴이 작은 체형

여성으로서 콤플렉스를 느끼기보다는 자신만의 개성 있는 분위기를 연출할 수 있는 체형이다.

**해결 Point** 1. 가슴 부분에 장식된 상의로 빈약함을 보완한다.

V네크라인이나 깊게 파인 스타일은 빈약한 가슴이 드러나므로 피하고 여성스러운 디테일(러플, 볼레로, 요크, 숄 칼라)이 가미되어 가슴 부분에 다양하게 장식된 상의를 입는다. 가슴 부분에 주름이 들어간 블라우스나 이너웨어를 입고 디테일을 살린 옷이라면, 너무 헐렁하게 입는 것은 피하고 몸에 적당히 달라붙으면서 전체적인 라인은 심플한 것이 좋다. 무엇보다 중요한 것은 속옷 보정이다. 캡이 있는 브래지어나 와이어가 들어 있는 브래지어를 선택하면 가슴선을 보완할 수 있다.

**해결 2. 부피감이 느껴지는 소재를 선택한다.**
Point

개버딘, 데님, 광택이 나는 새틴이나 시폰 같은 부드러운 소재로 포인트를 준다. 차가운 질감의 소재를 바탕으로 따뜻하고 애교스러운 소재로 악센트를 주어 젊고 발랄한 이미지를 만들어 보자.

투명하고 얇은 천, 어두운 색상의 단색보다 프린트가 잘 어울린다.

**해결 3. 퍼머형의 긴 헤어 스타일이 어울린다.**
Point

여성미의 매력을 풍성한 웨이브의 피미 미리로 연출한다. 상의는 부피감이 있는 숄 라인으로 보완한다.

# A - 상체문제형

문제 12. 팔이 굵어서 여름이 두렵다

## 🌀 팔이 굵은 체형

**해결 Point** 1. 7부나 8부의 스타일로 가장 가는 부분을 내 보이는 것 또한 효과적인 코디가 될 수 있다. 또는 팔 부분을 조이는 옷은 피하며 팔의 굵기를 가릴 수 있도록 소매가 넓은 디자인이 좋다.

**해결 Point** 2. 소매 컬러를 달리한 배색 티셔츠일 경우에는 컬러가 진할수록 좋다.

**해결 Point** 3. 의상의 중앙 라인에 시선을 집중시킬 수 있는 디자인 장식이 있는 것이 효과적이다.

good  bad  good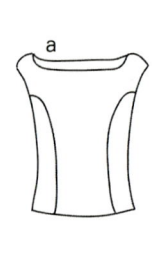

## 팔이 가는 체형

**해결 Point** 1. 퍼프 소매, 벨 소매처럼 여유 있는 형이 적합하다.

**해결 Point** 2. 수직의 느낌보다는 수평으로 착시 효과를 유도할 수 있는 디자인이 이상적이다.

good     bad

**A - 상체문제형**    문제 19. 허리 라인의 굴곡 있는 몸매가 부럽다

**해결 Point** 1. 박스 스타일의 옷은 더욱 라인을 감추기에 피하고 어느 정도 허리선이 들어간 옷을 입도록 한다.

허리가 굵은 체형의 최적 아이템은 하이 웨이스트 스커트에 블라우스를 블라우징 기법(블라우스를 스커트 안으로 넣어 입을 때, 블라우스를 조금 여유있게 내어 입는 스타일)을 사용해 자신의 실루엣의 결점을 보완하는 것이다. 또는 H라인이나 A라인의 원피스도 좋은 아이템이다.

단, 넓은 벨트는 피하고 부드러운 소재의 적당히 굵은 벨트 또는 스카프로 만든 벨트 등으로 허리 라인을 살려주는 방법을 모색한다.

# A - 상체문제형   문제 23. 뱃살 때문에 재킷 단추를 잠그기가 어렵다

**해결 Point** 오버 블라우스 스타일이나 허리가 높게 잡힌 엠파이어라인의 블라우스가 효과적이다.

good   bad

오버 블라우스에 허리 라인을 약간 살려 준 싱글 재킷을 입고 버튼을 하나 정도 채우는 코디가 효과적이다. 단, 체형을 감추기 위하여 힐링한 박스형 상의로 연출하면 더욱 결점을 강조하게 되며 주름 스커트나 고무 밴드가 달린 스커트는 앉았을 때 배가 나와 보이고 엉덩이가 처져 보일 수 있으므로 피한다. 상의 길이는 결점이 되는 배 부근에 시선이 머물지 않도록 조절한다.

지나치게 허리가 굵거나 배가 나온 체형은 하이 웨이스트 거들이나 웨이스트 니퍼 등의 보정용 속옷을 착용하여 실루엣을 정리해주는 것이 효과적이다.

**B - 하체 문제형**

> 문제 2. 하의 구입 시 엉덩이 사이즈에 맞추면 늘 허리가 남는다.
> 문제 6. 바지보다 스커트가 잘 어울린다.
> 문제 18. 엉덩이가 납작한 사람이 부러울 때가 있다.

**해결 Point**  엉덩이가 작은 경우 - 체크무늬나 부피감 있는 소재로 된 밝은 색상의 팬츠나 A라인 스커트가 효과적이다.

엉덩이가 큰 경우 - 의상 중 어느 한 부분에 포인트를 주어 시선을 그곳에 집중시키고 소재는 너무 두껍거나 얇지 않게, 적당한 두께를 선택하며 무늬는 되도록 작은 것으로 선택 한다.

good　　　bad

하체 비만형은 코디에 있어서 상하대비를 강하게 하는 것이 효과적이다(예를 들어 밝은 색 상의에 짙은 색 하의를 착용).

재킷은 남성복 느낌의 매니시한 스타일이 굴곡을 커버하여 잘 어울리고 바지를 입을 때는 엉덩이 부분에 약간 여유가 있는 세미 타이트 스타일을 선택한다.

그리고 엉덩이의 넓이는 항상 어깨 넓이와 관계가 있으므로 어깨와 엉덩이의 넓이가 조화되도록 한다.

스커트를 입을 경우 전체적으로 편안한 A라인이나 프린세스 라인을 선택하거나 중간에 라인이 있어 엉덩이가 작아 보이는 랩스커트나 엉덩이 주위에 약간 여유있는 세미 플레어 스커트, 세미 타이트 스커트도 엉덩이를 감추는 데 효과적이다. 체격에 비해 엉덩이가 지나치게 큰 경우, 허리를 강조하지 않도록 하며 엉덩이를 가리는 길이의 긴 재킷을 활용한다.

Tip _ 소재는 부드러운 실크, 시폰, 면 등 가벼운 느낌으로 입을 수 있는 것으로 한다. 단, 체크 무늬나 주름이 들어간 스커트는 엉덩이를 강조하므로 피한다.

## B - 하체문제형

문제 20. 종아리가 굵어서 타이트한 롱 부츠가 잘 맞지 않는다.

**해결 Point** 분할된 수직선의 고어 스커트를 보완하고 구두는 심플한 것을 선택하고 액세서리 또는 스카프를 활용한다.

스커트 밑단에 어느 정도 여유 있는 A라인 스커트는 하의부분에 안정감을 주고 밑단이 넓기 때문에 다리와 대비되어 다리가 가늘어 보인다. 고어 스커트도 분할된 수직선이 다리와 연결되어 길이감을 주므로 다리를 날씬하게 보이

good    bad    good    bad

게 한다. 프린트 소재의 경우 시선 또는 상하 운동감이 있는 것이 길이감을 강조하므로 효과적이다(색상은 중간 명도나 중간 채도).

구두는 수직이나 사선의 디자인이 좋다(발등에서 V로 자른 형태나 발끝 부분을 강조한 형이 다리를 길어 보이게 한다). 단, 발목 끈은 다리를 짧아 보이게 하므로 발목 끈이 없는 구두를 선택한다.

Tip _ 스타킹의 소재는 중간 명도와 채도로 부드러우면서 너무 두껍거나 얇지 않은 중간 두께로 선택한다.

### B - 하체문제형

문제 22. 똑바로 섰을 때 엉덩이보다는 허벅지의 너비가 넓다.
문제 24. 나에게 잘 어울리는 옷을 고를 때에 상의보다 하의 선택이 더 어렵다.

플레어 스커트가 가장 이상적이다. 다리를 약간만 내놓은 하늘하늘한 플레어 스커트는 상대적으로 종아리를 가늘게 보이도록 하는 효과가 있다.

바지를 입을 때는 딱 달라붙는 스타일이나 너무 넓은 통바지를 착용하면 오히려 허벅지를 더 굵어 보이게 할 수 있으므로 피한다. 적당히 여유가 있는 슬림 라인의 바지를 착용하는 것이 허벅지를 날씬하게 보이는 데 효과적이고 색상은 짙은 단색으로 하는 것이 효과적이다.

### 해결 1. 화려한 프린트로 시선 끌기

팽창색인 화이트 바지를 입고 싶다면 허벅지로 시선이 가는 것을 피할 수 있는 프린트 디자인을 선택한다. 허벅지보다 자신 있는 상의 또는 종아리 부분에 프린트 무늬가 있는 것이라면 시선 분산에 효과적이다.

### 해결 2. 밑단 장식 트레이닝 바지

허벅지가 굵으면 전체적으로 하체가 뚱뚱해 보이기 쉬우므로 넉넉한 스타일이 제일 좋고 밑단 부분이 예쁜 디자인으로 포인트 코디가 가능하다.

### 해결 3. 종아리만 보이는 디자인

　종아리만 보이는 디자인으로 굵은 허벅지를 커버 할 수 있으며 진한 컬러라면 다리 전체를 수축시켜 보이게 한다.

### 해결 4. 부츠컷 7부 팬츠

　밑단이 살짝 벌어지는 부츠컷 스타일의 7부 팬츠는 넓은 종아리를 커버해 주면서 다리를 날씬해 보이게 하는 데 효과적이다.

### 해결 5. 스판 팬츠

　스판 소재의 팬츠는 날씬해 보이는 아이템으로 전체적으로 길고 슬림해 보이도록 일자 라인을 선택한다. 단, 너무 딱 붙는 스판 팬츠는 역효과를 가져오므로 약간 여유있는 것이 좋다.

# 비율문제형

포기하기엔 너무 이르다. 우선 자신의 체형을 이해하자. 안정적인 체형이 아닐지라도 안정적인 체형으로 보일 수 있다면 누구나 코디는 가능하다. 우선 자신의 체형 비율을 알아보자.

### 신체의 황금비율

**1. 머리에서 발끝**
- 키 ÷ 머리길이 = 8 ⇒ 비율이 잘 맞음
- 키 ÷ 머리길이 > 8 ⇒ 머리가 짧은 편
- 키 ÷ 머리길이 < 8 ⇒ 머리가 긴 편

**2. 상체**
- 턱~허리 = 머리길이 ×2 ⇒ 비율이 잘 맞음
- 턱~허리 > 머리길이 ×2 ⇒ 허리가 긴 편
- 턱~허리 < 머리길이 ×2 ⇒ 허리가 짧은 편

**3. 밑위길이**
- 밑위길이 = 머리길이 ⇒ 비율이 잘 맞음
- 밑위길이 > 머리길이 ⇒ 밑위가 긴 편
- 밑위길이 < 머리길이 ⇒ 밑위가 짧은 편

**4. 다리**
- 밑위~바닥 = 머리길이 ×4 ⇒ 비율이 잘 맞음
- 밑위~바닥 > 머리길이 ×4 ⇒ 다리가 긴 편
- 밑위~바닥 < 머리길이 ×4 ⇒ 다리가 짧은 편

## 옷으로 황금비율을 맞추는 3가지 법칙

 본인의 실루엣을 크게 벗어나지 않게 하면서
상체와 하체가 3:5의 황금비율로 보이도록 노력하라

자신을 부각시키기 좋은 안정감 있는 신체는 상체와 하체의 비율이 3:5의 황금비율에서 느껴진다.

〔원피스〕:〔얼굴, 종아리, 발〕=5:3    〔블라우스〕:〔스커트〕=2:3 또는 3:2

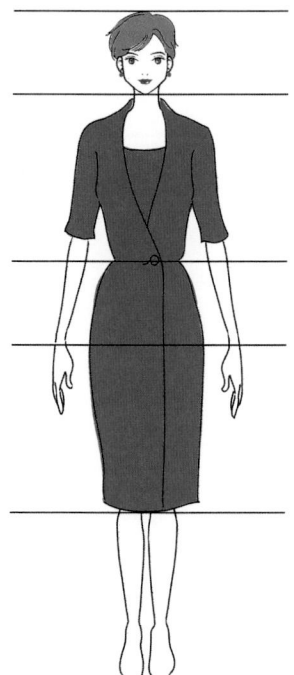
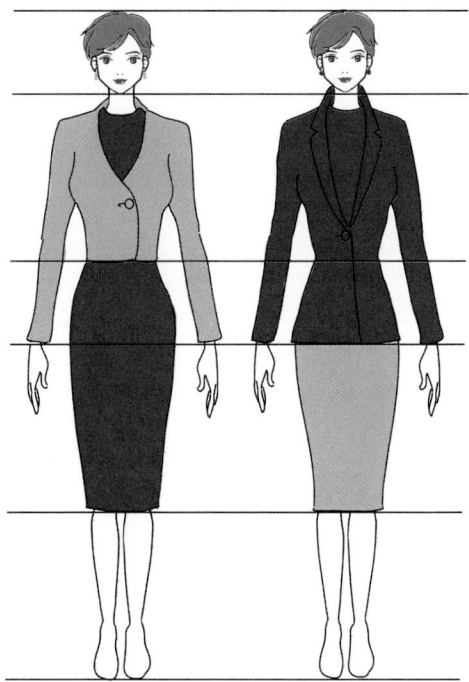

옷, 외투, 헤어, 얼굴, 다리 등의 컬러를 통일시켰을 때
서로 다른 두 색의 비율이 3:5

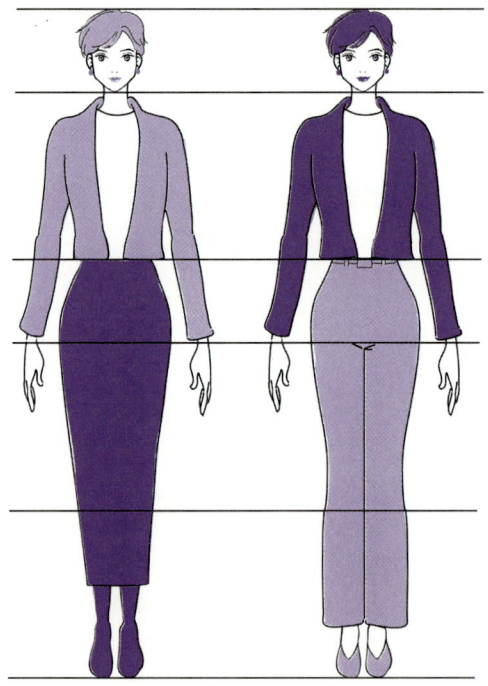

## 옷 입는 법을 통한 황금비율의 인체 만들기

| | Short | Long |
|---|---|---|
| Face | 1. 이마를 드러낸다. | 1. 앞머리를 내린다. |
| Leg | 1. 3/4 정도로 소매를 올린다.<br>2. 소매를 걷을 수 없을 때에는 상체에 포인트를 주기 위하여 넓은 소매 밴드나 끝이 점점 가늘어 지는 소매를 사용한다.<br>3. 아래로 갈수록 좁아지는 바지를 입는다.<br>4. 긴 스커트나 바지와 함께 짧은 재킷의 매칭이 안정적이다. 긴 재킷과 짧은 스커트, 버뮤다 반바지, 치마바지와의 코디도 효과적이다. | 1. 재킷은 엉덩이를 커버할 정도의 기장으로 한다.<br>2. 세련된 디자인의 긴 소매로 상,하 안정감을 준다.<br>3. 벨트, 요크를 이용한 낮은 허리위치 표현으로 하체를 분산시키는 연출을 한다. |
| Waist | 1. 허리를 낮게 표현한다(절개선, 낮은 위치의 단추 등을 활용).<br>2. 본인의 허리를 고려하지 말고 긴 재킷이나 허리 라인이 없는 것을 선택한다. | 1. 허리를 높게 보이기 위한 디자인을 하거나, 넓은 벨트(벨트 색은 하의의 색과 동일 색상)를 선택한다.<br>2. 긴 밑위와 긴 허리를 가진 사람이 바지를 입을 때에는 상의는 짧게, 바지 허리는 낮게 하도록 한다.<br>3. 상체에 수평선, 대각선의 바디 장식을 사용하도록 한다.<br>4. 허리 라인이 없는 것을 입는다. |
| Rise | 1. 바지 허리를 높게 입는다.<br>- 벨트가 상의 색과 같게 한다.<br>- 벨트의 위치가 실제 허리보다 높게 입는다.<br>2. 허리 라인을 무시하되, 황금비율을 이용하여 상의와 하의를 매치되도록 한다. | 1. 바지 허리를 낮게 입는다.<br>- 요크를 이용하여 시각적으로 낮아 보이게 한다.<br>2. 시선이 아래로 가도록 스티치 주름이 있는 바지를 입는다.<br>- 오버 블라우스(허리를 내어 입는 블라우스)<br>- 두께가 있는 벨트나 사선 벨트를 활용한다. |

 ## 상체의 밸런스 포인트를 설정하라

**첫 번째 밸런스 포인트** _ 네크라인, 칼라, 브로치는 상체의 밸런스 포인트에 위치하여야 한다.

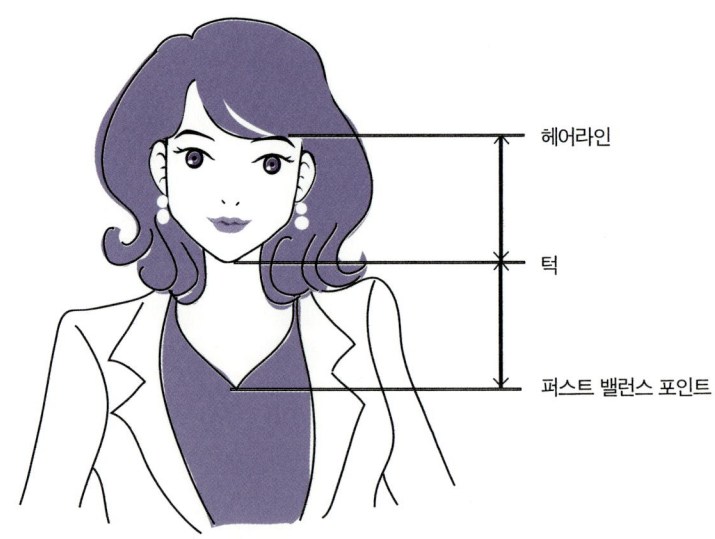

1. 헤어 라인(앞머리 끝)에서 턱까지의 길이를 측정한다(끈을 이용하면 유용하다).
2. 턱 끝에서 1번에서 측정한 길이만큼 가슴 아래로 내린다. 이 점이 첫 번째 밸런스 포인트이다.

**두 번째 밸런스 포인트** _ 네크라인의 모양이나 칼라의 모양은 적어도 얼굴의 너비만큼 넓어야 한다.

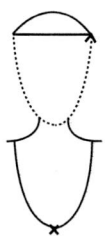 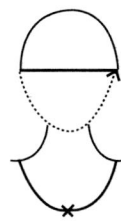 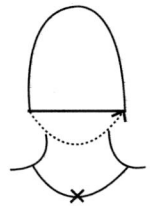 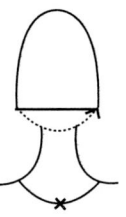 

1. 얼굴에서 가장 넓은 부분에 가상의 수평선을 긋는다.
2. 가장 넓은 부분의 한쪽 끝에서 다른 쪽 끝까지 턱을 지나는 U자의 모양을 상상한다.
3. 이 모양을 목과 만나는 어깨 점에서 가상으로 반복하면 그 가상의 선의 가장 아래쪽이 두 번째 밸런스 포인트이다.

목걸이, 칼라, 네크라인, 목의 길이에 따른 하이칼라 등이 이 두 가지 밸런스 포인트에 의해 결정된다.

 강조와 보완을 명확히 구분하라

| 보완 | 강조 |
|---|---|
| - 보완하고 싶은 부분을 지나치게 감추려 하다가 오히려 눈에 띄는 경우가 있다.<br>- 보완하고 싶은 부분으로부터 시선을 멀리할 수 있도록 선을 이용하거나 공간을 분할한다.<br>- 사이즈를 시각적으로 변화시키기 위하여 공간을 그 부위 주변에 둔다. | - 강조하고 싶은 부분을 드러낸다.<br>- 강조하고 싶은 부분의 라인을 드러내거나 반복 확장하여 강조한다. |

# 감각문제형

## +1 소품 코디 활용법

21C 패션계에서 그 무엇보다도 중요한 패션 아이템으로 부상한 것이 액세서리이다. 예전엔 의상만으로 포인트 코디를 주로 하였는데 요즘은 액세서리 자체가 패션을 완성시키는 주된 요소로 부상하였다.

그러나 소품의 주요 아이템인 구두, 핸드백, 주얼리, 브로치 등은 하나의 이미지로 보여지는 것이 아니다. 각 소품의 크기, 소재, 디자인 등의 선택이 이루어지지 않으면 패션 감각을 인정받기 어려운 시대이다. 이에 최상의 액세서리 활용으로 자신의 이미지를 완성해 보자.

액세서리는 개인의 기분전환뿐만 아니라 의상을 돋보이게 할 수 있다. 액세서리를 어떻게 선택해야 할지 몰라서 액세서리 사기가 꺼려진다면 자신의 체형, 얼굴형, 스타일의 이해가 부족하기 때문일 것이다.

### ● 구두

일 처리의 꼼꼼함과 야무짐을 알 수 있는 비즈니스의 마무리이기도 하다. 구두는 일반적으로 스커트나 바지 끝단과 잘 섞이는 중간 색이거나 한 톤 어두운 색이 좋다. 남성의 경우 바지와 구두 중 진한 색으로 연출한다. 여름 시즌의 따뜻한 계절일 때는 자신의 컬러 계절보다 더 밝거나 화이트 또는 해당 계열의 이미

지에 맞는 구두가 좋다.

　밝은 구두 색은 신체 어딘가의 색과 반드시 일치해야 한다. 특히 얼굴 근처가 좋은데 예를 들어, 자신이 블루 의상과 레드 구두를 신었다면 레드 스카프를 매도록 한다. 이러한 선택으로 두세 가지 색상의 구두만 있으면 어느 정도 의상 코디에는 무리가 없다.

### ◉ 스타킹 · 양말

　다양한 패턴과 컬러의 스타킹을 어떤 옷과 어떤 액세서리와 조화시키느냐에 따라 센스 있게 보일 수도 있고 엉망이 될 수도 있다. 무난하게 스타킹을 선택하는 방법을 알아보자.

　　**컬러 _** 가장 편한 것이 무채색인 블랙, 화이트, 커피 색상이다. 세련미는 다소 떨어질 수 있어도 전체의상이 무채색일 경우 같은 톤으로 코디하면 모던한 느낌을 줄 수 있다.

　　**패턴 _** 체형의 결점을 보완해줄 수 있는 패턴을 활용하자.
　　　〔스트라이프〕다리를 길어 보이게 하는 효과가 있으나 두꺼운 다리의 경우 직선 라인이 굴곡으로 보여져 오히려 더 두꺼워 보일 수 있다.
　　　〔사선〕휜 다리의 경우 덜 휘어 보이고 스트라이프의 효과도 있다. 발목에 비해 종아리가 두꺼운 경우 큰 패턴은 다리를 더욱 강조하므로 되도록 피한다.
　　　〔마름모〕두꺼운 다리에 가장 적합한 패턴이다. 모아지는 마름모의 느낌이 세로에 길이감을 줄 수 있으나, 큰 마름모의 경우 옆으로 부피감을 주므로 피한다.
　　　〔색상이 진하거나 광택이 나는 스타킹〕날씬해 보일 것이라고 착각하기 쉽다. 그러나 피부 톤에 비해 다리에 시선을 집중시키기 때문에 특히 다리가 두껍다면 되도록 자제한다.

남자의 경우는 컬러와 패턴보다도 다리를 꼬아도 바지 끝단과 구두 사이에 살이 비춰지지 않도록 주의하고 정장에는 단색에 무늬가 없는 양말, 격식을 차릴 때는 견 양말을 선택한다. 흰 양말은 스포츠용, 여가용으로 정장차림 시에는 피하도록 한다.

### 🌀 가방

가장 실용성이 높은 액세서리로 원하는 이미지를 완성시킬 수 있는 소품이다. 장소나 시간, 목적에 따라 색상, 소재, 디자인이 달라져야 하며 키에 비례하는 크기와 끈의 기장 선택이 중요하다. 그러므로 무난한 중간 사이즈에 신발과 매치될 필요는 없으나 유사한 색이거나 좀 더 밝게 연출하는 것이 좋다. 시선을 위로 끌기 위함이다.

겨울사람은 다크 그레이 가방이나 은장 장식이 아주 잘 어울린다. 블랙이나 네이비 신발과 함께 연출한다. 여름사람은 그레이 네이비, 가을은 미디엄 브라운, 봄은 파스텔 계열의 컬러가 좋으며 금장 장식이 잘 어울린다. 신발이나 가방을 고를 때 자신의 특성을 반드시 고려해야 한다.

### 🌀 주얼리

자신을 표현할 수 있는 기회이다. 주얼리에 대한 선택은 당신의 타입과 성격을 반영한다.

**목걸이 _** 단순한 디자인과 깊게 파여진 상의에서 목걸이의 가치를 높일 수 있으며, 허리를 묶는 상의에서 늘어뜨린 목걸이는 시선을 분산시키기 쉬우므로 피한다. 목이 굵은 사람은 짧은 목걸이는 피하도록 한다.

**귀걸이 _** 의상보다도 얼굴을 돋보이게 하는 소품으로 얼굴형과 네크라인을 고려하여 선택한다. 귀를 오픈하는 헤어 스타일에서는 귀걸이를 하는 것이 예의이며 안경을 쓸 경우에는 귀에 부착하는 타입의 귀걸이를 선택하고 얼굴에 유난히

　트러블이 많은 피부 타입의 경우에는 부피감이 느껴지는 귀걸이 대신 작은 링으로 깔끔한 피부의 느낌을 주도록 한다.
　주얼리가 어떤 금속이냐가 가장 중요한데 화이트 금속은 여름과 겨울사람 컬러와 잘 조화되고, 골드 톤은 따뜻한 컬러의 가을과 봄사람에게 잘 어울린다.

　겨울사람에게 가장 잘 어울리는 주얼리는 은, 백금, 펄 진주, 다이아몬드이다. 여름사람은 같은 화이트 금속을 쓰지만, 로즈 골드, 로즈 펄, 로즈 아이보리를 첨가한다. 가을사람들은 골드나 구리, 나무(Wooden) 장신구, 가죽 소재가 어울린다. 그들은 크림 컬러의 펄도 착용하면 잘 어울린다.
　우리의 대다수는 이미 '자신에게 맞지 않는' 주얼리를 갖고 있으니 웨딩 반지를 포함해서 계절에 맞는 주얼리를 수집하는 것을 시작할 수 있다.
　겨울사람의 경우에는, 골드 주얼리를 갖고 있다면 화이트, 짙은 회색, 로얄 블루 색깔과 함께 착용하거나 옐로 골드 자체로만 착용하기보다 화이트 골드를 포함하여 이중 라인의 주얼리를 소장하는 것으로 문제를 해결할 수 있을 것이다.
　옐로 골드는 럭셔리한 느낌을 주기 때문에 화이트 금속으로 대체하는 것이 어렵다. 그러나 화이트 메탈과 믹스된 옐로 골드는 충돌 없이 당신이 원하는 느낌을 준다. 예를 들어, 체인이나 팔찌, 두 가지 색 귀걸이 등에 메탈을 섞을 수 있다. 여름이나 겨울사람들에게는 은보다 더 우아한 느낌을 주기 때문에 진주도 좋다. 진주는 화이트 아니면 골드 메탈과도 잘 조화된다.
　좀 더 스포티한 모습을 원한다면 실버가 좋다.
　가을이나 봄사람들은 골드로 럭셔리한 느낌부터 캐주얼한 느낌까지 어느 모습이나 다 표현해낼 수 있다.

그리고 액세서리의 표현은 귀걸이가 먼저 그리고 목걸이가 두 번째, 팔찌가 세 번째, 반지가 네 번째, 핀이 마지막이다. 귀걸이부터 시작한다. 왜냐하면 귀걸이가 진짜 당신을 '드레스(dressed)' 하게 만들기 때문이다.

클라이언트에게 메탈과의 조화만 잘 이루어도 밋밋한 모습을 벗어던지고 멋지고 세련된 모습으로 바뀔 수 있다.

의상을 변화시키는 데 주얼리나 스카프를 활용할 수 있다. 대조적인 주얼리를 세 개의 그룹으로 분류해 보자. 캐주얼, 우아한 것, 포멀한 것, 이는 같은 옷에 다 적용할 수 있다. 간단하게 귀걸이 하나만 바꿈으로써 목적에 맞는 외출준비를 끝낼 수 있다.

당신이 해당된 계절의 메탈로 가방이나 구두를 꾸미는 것을 시도해 보자. 자신의 계절에 맞는 금속이나 컬러로 항상 교체를 시도해보면 감각은 타고나는 것이 아니라, 훈련에 의해 익혀지는 것이기 때문에 누구나 가능하다.

# 워드로브 작업법

　패션업계에서 사용하고 있는 워드로브는 의상계획, 의상사용 계획을 의미한다. 즉, 옷장 안 의상을 정리하여 색상, 디자인, 소재에 따라 서로 잘 맞추어 입는 것을 '워드로브'라고 한다.

　일반적으로 입을 옷이 없다고 불평을 하면서도 쇼핑을 하면 기존의 의상과 비슷한 스타일의 의상만을 선택하게 되어 쇼핑에서의 색다른 즐거움을 찾기 어려운 경우가 허다하다. 결국 평소 좋아하는 옷만 구입하여 입게 되는 경우가 많다. 이에 워드로브가 중요하다.

　워드로브를 잘 갖춰 놓으면 옷을 사더라도 워드로브에 제외되는 의상은 구입하지 않게 되기 때문에 평소 코디할 때도 많지 않은 옷으로 충분히 여러 벌의 느낌을 연출할 수 있고 옷의 낭비를 줄일 수 있다.

　워드로브 연출을 통해 평소에 입지 않는 옷, 코디가 어려운 옷, 유행에 뒤떨어진다고 아예 쳐다보지도 않는 옷들을 새로운 느낌의 멋진 옷으로 다시 연출할 수 있다. 최대한 자신의 의상을 활용할 수 있는 방법을 알아보자.

# 1. 의상 분류

좋아하고 잘 어울리는 옷

좋아하진 않지만 어울리는 옷

좋아하지만 어울리지 않는 옷

좋아하지도 않고 어울리지도 않는 옷

이와 같이 4가지로 분류한다. 좋아하고 어울리는 옷은 베스트 코디이며, 좋아하진 않지만 어울리는 옷은 컬러가 마음에 들기보다는 결점을 커버해주는 디자인이나 소재일 것이다. 지금은 싫어도 후에 취향이 바뀌면서 찾을 수 있는 옷이다.

좋아하지만 어울리지 않는 옷에 해당되는 의상은 원인을 알아볼 필요가 있다. 컬러가 애매모호해서 매칭이 어렵거나 독특한 디자인 또는 자신의 체형변화로 인해 사이즈가 불일치할 경우가 크다. 좋아하지도 않고 즐겨 입지도 않는 옷은 시대 감각에 뒤떨어지는 의상이 대부분이므로 과감히 버릴 수 있어야 한다.

## 2. 의상 진열

　의상 분류를 기준으로 보기 쉽게 진열하되 밝은 색에서 어두운 색상까지 순서대로, 종류별로 분류한다. 원피스, 롱 코트, 바지, 상의는 옷장의 위쪽, 하의는 옷장의 아래쪽, 블라우스는 니트류와 함께 진열해둔다.

　분류 후 의상의 컬러와 디자인을 정리하고 기록해둔다. 평소 즐겨 입는 의상의 컬러나 디자인 스타일을 점검한다. 그 안에는 자신의 계절 컬러와 이미지 스타일이 어느 정도는 구분될 수 있을 것이다

　이 구분을 통하여 자신에게 현재 어떤 아이템, 컬러, 소재가 필요한 지를 알아둔다. 패션 정보지나 사이트를 이용하는 것도 효과적이다.

## 3. 아이템 리스트 기록

　자신이 현재 가지고 있는 옷을 간단히 기록해 '아이템 리스트'를 만드는 것이 중요하다. 쇼핑 시 사고 싶은 옷이 있다면 그 리스트와 비교해서 3개의 패턴 정도로 코디가 가능할 경우 구입한다. 충동구매로 인한 의상 비용을 최소화할 수 있을 것이다.

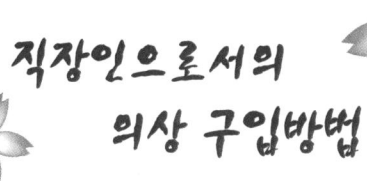

# 직장인으로서의 의상 구입방법

### 직장인으로서의 의상 구입방법(여자)

1. 잘 어울리는 슈트 한 벌을 구입한다.
2. 슈트에 어울리는 구두를 구입한다.
3. 구두와 슈트에 어울리는 스타킹을 구입한다. 되도록 같은 색으로 하여 키를 커 보이도록 한다.
4. 슈트 속 이너웨어를 슈트 소재와 맞추거나 그라데이션 컬러로 조화를 이룬다.
5. 자신을 돋보일 수 있는 곳에 소품을 활용한다.
   키가 작은 경우 – 브로치, 스카프
   키가 큰 경우 – 벨트, 가방, 구두, 액세서리

### 직장인으로서의 의상 구입방법(남자)

1. **슈트**_여자에 비해 디자인이 다양하지 않으므로 남자의 경우는 사이즈에 신경 쓴다. 뒤돌아서서 슈트 상의의 목깃 끝에서 바지 끝단 길이의 반이 슈트 기장이 될 수 있도록 하면 키를 안정적이고 커 보이게 할 수 있다.
   일반적으로 대부분의 남자는 기성복을 입다 보니 자신의 체형을 아름답게 표현하기에 사이즈가 극히 한정(4~5가지)되어 있다. 그러므로 자신의 체형 이해에 따른 정확한 수선으로 돋보일 필요가 있다. 슈트 단추를 채워 한 주먹이 들어갈 정도의 품으로 한다.

**2. 셔츠** _ 일반적으로 셔츠는 목 둘레가 중요한데 목 둘레의 기준은 실제 신체치수에서 2cm를 더한 치수이다. 입어보아서 검지가 쉽게 들어갈 정도로 여유가 있는 것이 적당하다. 또 셔츠 깃이 좌우 대칭이 되는지 꼼꼼하게 확인해 본다. 간혹 오후에 느슨하게 오픈하는 경우가 있는데, 남자의 셔츠와 넥타이는 개인의 업무능력, 정신무장을 의미하므로 소홀해서는 안 된다.
소매길이는 슈트 소매 밖으로 1.5cm 정도 보이는 것이 적당하다. 팔을 굽혔을 때 커프스가 손목 위로 올라가면 짧은 것이다.

**3. 바지** _ 바지 길이는 구두 굽 라인으로 하고, 통이 지나치게 크지 않도록 하기 위해서 발 길이의 2/3 정도가 바지 밑단 넓이로 하여 자연스럽게 수선하면 자신의 체형에 맞는 스타일로 표현할 수 있다.
키가 작은 경우는 턴 업 스타일보다는 일자형 바지가 다리를 길어 보이게 하며, 다리가 짧은 경우 바지 밑단의 수선을 모닝 컷으로 발의 앞부분과 뒷부분이 일직선이 아닌 사선으로 앞쪽이 짧아지도록 사선 컷을 하면 실내에서도 효과적으로 길어 보이게 할 수 있다.

*Part 2*

# 드라마 속 이미지로 나를 연출한다

이미지는 크게 자신이 생각하는 자신의 이미지,
자신도 남도 알지 못하는 자신의 이미지,
남에게 보여지는 자신의 이미지
이렇게 세 가지로 나누어진다.
그 중에서도 특히 남에게 보여지는
자신의 이미지에 가장 많이 투자해야 한다.
무슨 일을 하든 자신의 직업과 능력의 표현에서
긍정적으로 어필할 수 있는
스타일을 찾는 것이 바로
이 시대의 진정한 이미지 메이커가 아닐까?
지금 자신의 의도대로
자기자신을 표현하고 있는지 되돌아 보자.

# 변하지 않는 사랑과 사람에 관한 드라마
# "겨울 연가 - 강준상"

'겨울연가 신드롬'이라는 말이 있을 정도로 인기리에 방송되었던 드라마 '겨울연가'를 떠올려 보자.

패션에 있어서 결코 뒤지지 않는 두 톱 스타가 출연하는 드라마이기에, 내용만큼이나 패션 자체에 있어서도 눈여겨 볼 만한 작품이었다. 일본 여성들의 이상형인 '욘사마' 배용준 씨가 만든 드라마 속 포근하고 자상한 이미지, 부드러운 음성은 충분히 자극제가 되었을 것이다. 게다가 '인테리어 디자이너'라는 극중 직업이 주는 도회적이고 지적인 분위기의 세련된 패션 감각이 이미지를 더욱 돋보이게 했다.

배용준씨가 극중에서 연출한 머플러 매는 법을 따로 연습할 정도로 인상적인 패션 감각을 보여 주었던 그의 스타일을 따라가 보자.

### 준상&민형 따라잡기

- **헤어 스타일** - 오렌지 컬러의 헤어 블리치(Hair bleach), 흩날리는 머리의 자연스러움에서 느껴지는 부드러운 성격의 이미지 연출
- **머플러** - 상의와 비슷한 계열의 컬러 또는 상반된 컬러의 포인트가 인테리어 디자이너로서의 감각적인 이미지 연출
- **스웨터** - 터틀넥(Turtle neck) 스웨터로 소년처럼 순수한 부드러운 이미지 연출
- **코트** - 면바지에 고급스런 하프코트 또는 가죽 재킷으로 활동적인 이미지 연출

반면에 남자에게 인기 있는 최지우 씨의 성격과 이미지를 연상하면 현장에서 발로 뛰는 직업인 만큼 패션 컨셉도 캐주얼화 되고 있음을 알게 된다.

### 유진 따라잡기

- **헤어 스타일** - 얼굴선을 살린 둥근 단발머리에 블루블랙 색상으로 청순하고 여성스런 이미지 연출
- **머플러** - 옆으로 매는 차분한 이미지 연출
- **코트** - 넉넉한 사이즈의 롱 코트에 톤온톤(Tone on tone) 컬러의 스웨터로 활동적이면서 차분하고 지적인 이미지 연출
- **가방** - 커리어우먼을 돋보이게 하는 큰 가방을 활용하여 자신감 있는 여성의 이미지 연출

　이 모든 것들이 극중인물을 더욱 돋보이게 하고 시청자들에게 그들의 성격을 암시해 주는 이미지라고 할 수 있다. 우리는 지하철이나 공공장소에서 입고 있는 의상의 스타일에 따라 그 사람의 성격을 파악하게 될 때가 있다. 자신도 모르게 상대방이 직접 골라서 착용한 패션 소품이나 의상을 보고 그 사람이 성실한지, 낙천적인지, 고집스러운지 그리고 자유 분방한지 등의 성향을 상상하게 되는 것이다. 때문에 상대의 패션 컨셉에 따라 다양한 이미지를 읽어낼 수 있다.

　예를 들면 캐주얼 차림에도 목 가까이 단추를 채운 사람에게서 느껴지는 고지식함, 슈트 정장에 5~6cm의 하이힐을 신은 사람에게서 풍기는 당당함, 헐렁한 티셔츠에 펑퍼짐한 바지를 입은 사람의 자유스러움, 눈에 띄는 원색을 즐겨 입는 사람들의 경우에는 자기표현이 강함과 솔직함 등이 느껴진다.

　일반적으로 디자인이 독특한 것을 선호하는 사람은 충동적이고 결단력이 있으나 사려가 깊지 못한 편이고, 무난한 디자인을 선호하는 사람은 자제력이 강하고 사려가 깊다고 분석할 수 있다.

　선호하는 디자인은 직업과도 일맥상통한다. 자신의 직업이 무의식적으로 반영되기 때문이다. 다음은 직업별 스타일이다.

　　전문직 종사자 : 자신의 능력을 돋보이게 하기 위한 다소 과장된 스타일
　　예술대 학생 : 원색 계통의 다소 튀면서 그리고 지적인 느낌의 검정색과 기하학적 디자인 스타일
　　전문 서비스업 종사자 : 세미 정장이나 뒤로 묶는 헤어 스타일, 의상은 단품 코디로 단정하고 세련된 스타일

대기업 직원 : 클래식하고 단정한 모던 드레스 스타일
공무원 : 흰 셔츠에 재킷이나 점퍼, 너무 짧지 않은 단정하고 가지런한 헤어 스타일 등 깔끔한 스타일
엔지니어 : 편한 것을 선호하며 그다지 의상의 변화에 신경 쓰지 않는 스타일
CEO : 의상에서 소품까지 브랜드로 코디하는 등 권위와 신뢰를 신경 쓰는 스타일
디자이너 : 노력하지 않아도 튀며 남과 같은 것을 꺼리는 개성이 강한 스타일
일반 학생 : 유행을 선호하는 스타일

한 번쯤 거리에서 개성 있는 옷차림이나 헤어 스타일을 하고 있는 사람을 보면 저 사람은 무슨 일을 하는 사람일까, 하는 상상을 해보았을 것이다. 그리고 본인이 그 상상의 대상이 되기도 한다. 매일 입는 옷으로 직업과 능력을 강조할 수도 있고 성격을 변화시킬 수도 있다. 유난히 수줍음이 많은 경우에는 너무 튀는 의상보다는 원 포인트(One point) 액세서리나 가방의 색상으로 포인트를 두는 것도 자신을 표현하는 데 있어서 효과적인 방법이 될 수 있다. 튀는 성격의 소유자는 코디할 때 전체 의상에서 3가지 색상을 넘지 않는 범위 내에서 하면 훨씬 안정적인 느낌을 주면서 상대방에게 편안함을 전달할 수 있다.

이미지는 크게 자신이 생각하는 자신의 이미지, 자신도 남도 알지 못하는 자신의 이미지, 남에게 보여지는 자신의 이미지 이렇게 세 가지로 나누어진다. 그 중에서도 특히 남에게 보여지는 자신의 이미지에 가장 많이 투자해야 한다. 무슨 일을 하든 자신의 직업과 능력의 표현에서 긍정적으로 어필할 수 있는 스타일을 찾는 것이 바로 이 시대의 진정한 이미지 메이커가 아닐까? 지금 자신의 의도대로 자기자신을 표현하고 있는지 되돌아 보자.

# 우연과 운명에 관한 드라마
## "발리에서 생긴 일 – 정재민"

발리 폐인(廢人, 드라마 '발리에서 생긴 일'을 너무 좋아한 나머지, 생활의 기준을 이 드라마에 놓고 사는 이들을 일컫는다)이라는 유행어를 만들 정도로 폭발적인 인기를 얻은 드라마 '발리에서 생긴 일'은 패션 업계에서는 새로운 트렌드를 낳았다는 평가까지 받았을 정도이다.

먼저 극중 인물인 정재민의 스타일을 살펴보자.

정재민은 귀엽고 천진한 응석받이 재벌 2세로 겉으로는 예의 바르고 매너 있게 행동하지만 황태자로 커 온 탓에 자기 중심적인 거만함을 지니고 있다. 따라서 기존의 재벌 2세가 가진 정형적인 이미지를 뛰어 넘어 규격에 얽매이지 않는 자유분방한 연출을 중시했다.

정재민이 추구하는 스타일의 첫 번째 특징은 바로, 럭셔리 + 내추럴(Luxury & natural) 이다.

상의는 고급스런 정장 재킷에 V네크, 또는 단추를 2~3개 풀어헤친 화려한 남방(일명 꽃무늬 남방)으로 조인성의 긴 목을 더욱 도드라지게 했다.

바지는 청바지를 즐겨 입되, 고급 정장을 입어도 반드시 나팔바지나 아예 폭이 넓은 통바지를 입는다. 정장이지만 구두가 아닌 하얀색 스니커즈로 파격을 주기도 한다. 거기에 더해진 백팩에 하얀 벨트는 귀여우면서도 연민의 감정도 불러일으킨다.

전반적으로 남성에게선 좀처럼 보기 힘든 나팔바지에 고급스러운 정장 재킷, 캐주얼 백팩과 스니커즈가 엮어내는 언매치드(Unmatched) 패션이 트레이드마크였는데, 이것은 상류사회의 반항아적인 이미지를 표현하는 메트로섹슈얼(Metrosexual) 패션을 연출했다.

정재민이 보여주는 두 번째 특징은 한마디로 '믹스 & 매치'라고 할 수 있다. 정장과 캐주얼을 동시에 소화하는 것이 바로 그것인데 데님도 약간 짧으면서 통이 넓은 디자인으로, 일반적으로 쉽게 선택하기 힘든 스타일이다. 유럽에서 스트리트 패션(Street fashion)으로 유행하는 스타일인데 정재민처럼 키가 크고 마른 체형에게 특히 잘 어울린다. 또한 일반인들이 소화하기 힘든 퍼코트도 극중인물인 재민에게는 깔끔하게 잘 어울린다. 한마디로 안 어울리면 촌스러울 수 있는 패션을 재민이 잘 소화해내 하나의 트렌드로 만들어낸 것이다.

그렇다면 진정한 CEO의 이미지는 어떤 이미지가 바람직할까?

기업 환경이 급변하면서 CEO의 의사결정 능력과 자질이 기업의 성쇠를 결정하는 시대이다. 기업과 개인의 비전을 함께하는 리더의 모습을 보여야 한다.

  때론 강하지만 고집스럽고 무례해 보이지 않고, 또 부드럽지만 약해 보이지 않아야 한다. 자신감이 있어야 하는 반면에 거만해 보이지 않게, 지나치게 겸손해서 오히려 자신감 없고 심약해 보이지도 않아야 한다.

  21세기에는 유머 감각 또한 필수이지만 너무 우스꽝스럽거나 가볍지 않게 해야 하며, 확고함은 필요하나 변화를 두려워하는 이미지로 비춰서는 안 된다. 기업의 이미지와 CEO의 이미지에 통일된 자신의 PI 수립으로 조직에서는 신뢰와 믿음을, 그리고 자신에게는 안정과 활력을 줄 수 있는 진정한 자신의 모습을 연출해야 한다.

# 힘겨운 세상 속, 예쁜 금순이의 따뜻한 세상 보듬기
## "굳세어라 금순아 – 나금순"

'굳세어라 금순아' 시청자들은 방송 초기에는 한결같이 '왜 저렇게 촌스러워.' 라는 느낌을 받았을 것이다. 아무리 금순이의 캐릭터가 '밝고, 당당하게!' 라 해도 드라마 주인공이라는 사람이, 저렇게 촌스러운 복장을 하고 나오다니 도저히 이해가 되지 않았을 것이다.

솔직히 드라마 내용을 파악하기 이전에, 충격적이기까지 한 금순이의 패션 감각에 어이가 없었다. 특히 그녀의 변하지 않는, 꼬불꼬불하게 올라 붙은 앞머리는 최근 수십 년 간 본 적이 없는 스타일이어서 더욱 선명하게 기억에 남는다.

하지만 회가 거듭될수록, 이 복고풍 '촌티 패션'이 귀엽고 깜찍한 이미지로 젊은 여성들에게서 인기를 끌게 되었다. 심지어 '금순이 따라잡기' 라는 패션 코너까지 등장해서 어떻게 하면 금순이처럼 입고 꾸밀 수 있는지 자세히 안내하고 있었다.

금순이의 패션 키워드는 '복고'. 금순이의 이미지는 더 이상 촌티 패션에 그

치지 않고, 그녀만의 스타일로 앙증맞고 귀여우면서도 보호본능을 강하게 자극하는 어리고 여린 여성스러움까지 강조한다. 이러한 '금순이식 패션'의 핵심 포인트는 첫째도, 둘째도 무조건 '귀여움'이다. 상의는 플라워 프린트가 가미된 복고풍 남방이나 블라우스를 입거나 귀여운 캐릭터 디자인이 새겨진 캐릭터 티셔츠와 후드 티셔츠가 주를 이룬다. 하의는 주로 청바지로 코디하거나 바지에 주머니가 여러 개 달린 스타일 또는 깔끔한 청 스커트를 매치해 편안함과 활동성을 강조했다.

금순이의 아기자기한 소품 또한 엉뚱하고 밝은 캐릭터를 강조했다. 신발은 여성스럽고 화려한 구두부터 활동성을 강조한 스니커즈까지 다양하게 선보인다. 구두의 디자인 역시 밝은 색의 꽃무늬를 선택해, 깜찍한 매력과 활동성을 강조하였다.

이러한 '금순이식 머리 하기와 옷 입기'는 성숙한 금순이의 이미지와 맞물려 조금씩 세련되고 성숙한 이미지로 변신하는 재치까지 보여준다.

밝고 당당한 이미지 연출을 위해 머리끝부터 발끝까지의 금순이라는 역할을 돋보이게 하였으나, 지나친 장식은 오히려 상대가 접근하기 어려운 이미지로 잘못 전달될 수 있었다.

귀여운 이미지를 꿈꾸는 여성은 전체적인 치장보다는 어느 한 부분의 과감한 시도로 귀여움을 지속시킬 수 있는 방법도 효과적이다. 헤어 스타일, 의상의 포인트, 기억될 수 있을 만한 소품을 활용하여 자신을 최대한 부각시켜 보자.

# 헐렁한 이태백의 인생 대역전?
## "신입사원-강호"

대한민국을 살아가는 이 시대의 우울한 청춘들에게 희망과 용기를 주고자 기획했다는 드라마 '신입사원'. 토익 점수는 없지만 외국인들을 만나도 전혀 주눅들지 않는 뚝심의 주인공, 능력은 부족하지만 인맥과 끼, 재치가 많은 유형으로 이 시대 성공 가능성이 높은 인물, 강호를 만나 보자.

강호의 패션 스타일로 신입사원을 대상으로 이미지 컨설팅 강의를 하는데 애를 먹은 기억이 있다. 브라운 계열의 헤어 컬러에 긴 퍼머 스타일, 크로스백에 운동화 디자인의 구두, 연수원 합숙 교육 시 눈에 익은 트레이닝 패션. 물론 신입사원이라면 의상을 선택하는 데 있어서 융통성과 신선한 면을 고려하는 것은 좋으나 역시 겸손한 이미지가 필요하다. 또한 패기 있고 인간미 넘치는 의상보다는 당당한 느낌의 컬러나 행동에서의 자신감을 보여줘야 한다. 그리고 회사의 이미지에 맞는 표현과 신입사원으로서의 단정한 이미지는 필수요소이다.

드라마 초반, 강호는 백수답게 다양한 트레이닝복을 선보인다. 심플한 남방이나 티셔츠에 트레이닝 팬츠나 스트링 팬츠를 매치해 편한 스타일을 강조하고 상의 역시 편안한 체크 남방이나 티셔츠를 주로 입었다.

여기에 누구나 하나쯤 가지고 있는 청 재킷이나 트레이닝 점퍼를 매치해 친구들에게 뻔뻔하게 바가지를 씌우거나 동생에게 아부해서 용돈을 타 쓰면서도 주눅들기보다는 특유의 당당함과 허풍으로 일관하는 그의 이미지와 완벽하게 부합되게 하였다.

그런 상호가 변하기 시작한다. 전산 착오로 굴지의 'LK 그룹'에 입사하게 되면서 강호의 패션은 그야말로 180° 변한다.


일단 강호 스타일의 핵심 포인트는 역시 지적인 느낌을 강조했다. 흰색 와이셔츠와 회색 정장을 매치시켜 전형적으로 세련되고 고급스러운 회사원의 이미지를 살려냈다. 또한 좁은 칼라의 짧은 투 버튼 재킷, 줄무늬나 화사한 색상의 셔츠와 좁은 넥타이를 코디하여 세련되고 고급스러운 멋을 더하였다. 소품 역시 패션 리더로서의 센스를 보여 주었다. 초기 백수시절, 큰 사이즈의 백팩이나 크로스백은 그의 취직과 함께 가죽 소재의 크로스백이나 고급스러운 것으로 대체했고, 여기에 럭셔리한 정장풍 시계로 깔끔한 이미지를 완성한다.

또한 취직 여부와 상관없이 드라마가 진행되는 내내 끝까지 헤어 스타일(정리되지 않은 갈색 웨이브 긴 머리)을 변화시키지 않음으로써 강호가 가진 패기 있고, 인간미 있는 모습이 각박한 사회생활 속에서도 사라지지 않았음을 강조한다. 길고 눈꼬리가 약간 밑으로 내려온 에릭의 눈은 강호의 부드럽고 온화한 성품을 잘 나타낸다. 동정심이나 배려심이 많아 남에게 선행을 잘 베푸는 이미지에 강호의 이미지가 적합하다. 눈썹의 경우에도 가지런하지만 굵고 짙게 자리 잡은 형태로 의지가 강하고 용기 있으며 대인관계가 원만함을 의미한다.

 ## 신입사원을 위한 이미지 컨설팅

현재 기업의 채용경향을 보면 지원자들의 비슷한 성적과 경력 때문에 서류심사보다는 면접에 비중을 두고 있는 추세이다. 짧은 시간에 자신의 능력과 장점을 표현하는 데 있어서 호감을 주는 외모는 그가 하는 말에 설득력을 가져다 준다. 중요한 것은 자신의 능력이 아니라 그 능력을 어떻게 표현하느냐이다. 어떻게 하면 될까?

**사무직 관련 직종** >>> 해당 기업의 이미지를 대표할 수 있으며 성실한 느낌의 코디에서 시작한다. 무난한 스타일의 쓰리 버튼 싱글 정장, 심플함을 강조한 깔끔한 정장으로 무릎길이의 뒤 트임 스커트에 커피색 스타킹이 적당하다. 남자의 경우 진회색, 진감색이 신뢰감을 줄 수 있으나 브라운 계열, 검정색 정장은 지쳐 보이기 쉬우므로 피하고, 여자의 경우 지나치게 밝은색, 화려한 색상의 정장은 피한다.

**광고 디자인 관련 직종** >>> 감각적인 면을 중시하는 직종으로 대담한 색상과 디자인으로 연출한다. 개성 있는 헤어 스타일, 화려한 무늬의 넥타이, 서스펜더,

포켓칩, 센스 있는 안경 등을 이용한다. 여자의 경우 브로치나 스카프로 자신을 표현하되 너무 유행에 따르거나 지나치게 화려하면 신뢰감을 주기 어렵다.

**영업, 마케팅 관련 직종** >>> 상품이 아닌 이미지를 팔 수 있는 전문가다운 환한 표정, 활기찬 자세로 적극성과 친근감 있는 이미지를 연출한다. 남자의 경우 흰색 또는 푸른색 셔츠와 스트라이프 넥타이로 화사하고 생동감있는 코디가 적당하고, 여자의 경우 상대에게 거부감을 주지 않는 스타일의 베이지색, 회색 계열의 정장에 인상적인 액세서리를 포인트로 하는 코디가 적당하다.

**비서 또는 교사 관련 직종** >>> 여성스러움과 단정하고 차분한 인상을 강조하는 스타일을 연출하도록 한다. 전체적으로 화려해 보이거나 튀지 않는 색감을 이용하여 정돈된 느낌을 주고 세미 정장을 활용하고 베이지색이나 연한 회색, 하늘색 컬러로 부드러운 이미지를 강조한다.

**전문직 관련 직종** >>> 자신감이 높게 평가되는 직종으로 평범함보다는 센스 있는 감각으로 자신을 강조, 스트라이프 슈트로 당당하면서 개성 있는 이미지를 전달하거나 심플한 정장에 소품으로 악센트를 주는 코디가 적당하다. 여자의 경우 스카프나 액세서리로 프로페셔널한 이미지를 연출한다.

 ## 퇴직은 선택! 이직은 필수?

평생직장의 개념이 없어진 오늘날 사회 초년생뿐만 아니라, 이직자에게도 면접은 크게 중요시 되고 있다. 신입사원의 경우 단정함과 성실함이 면접에 중요한 요소로 작용한다면, 이직자의 경우는 그 외 전문가다운 이미지가 면접관에게 설득력을 줄 것이다.

자기관리에 철저함을 표현하기 위한 자신만의 세련미, 자신감과 긍정적인 사고, 설득력으로 회사에 묻어가기보단 회사를 이끄는 리더십을 표현하는 것이 중요하다. 그러나 지나치게 권위적이지 않도록 하는 주의가 필요하다. 물론 외모로 그 사람의 몸값이 올라간다는 것은 아니지만, 숨겨진 열정, 해박한 지식, 업무처리 능력에 호감을 주는 외모까지 더해진다면 상대방에게 더 큰 신뢰를 줄 수 있을 것이다.

자신감 넘치는 열정과 프로페셔널한 이미지 표현을 위한 센스 있는 코디 연출에 도전해 보자. 우선 유행보다 몸에 맞는 옷을 고르는 것이 중요하며 회사에 맞춤 코디가 될 수 있도록 사전 기업정보를 수집해야 한다. 기업의 이미지와 업무의 조화를 이룬 코디가 기본이다. 그리고 지금까지 활용해 온 슈트 착용의 기본공식에 컬러 배색을 시도해 보자.

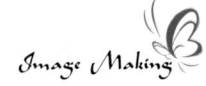

**대기업형(포인트 컬러 배색)** >>> 신뢰를 줄 수 있는 차분한 슈트 컬러에 잦은 프리젠테이션에서 밝고 강렬하며, 적극적이고 설득력 있는 메시지 전달을 위한 악센트 컬러를 대비시킨다. 전체적으로 단조로운 코디에 악센트 컬러로 포인트를 주는 것이다. 대조적인 색상으로 포인트를 주거나 셔츠보다 강한 색으로 포인트를 준 넥타이를 하는 것이 효과적이다. 신경쓰기 어려운 헹커치프, 셔츠 소매에 선명히 새겨진 이니셜, 액세서리 활용으로는 하얀색 소매에 빛나는 커프스 버튼 등은 되도록 넥타이 색상과 통일시키는 것이 좋다. 일반적인 화이트 컬러에 유난히 멋스럽게 느껴지는 센스 코디라고 볼 수 있다. 타인에게 뭔가 다른 방법으로 표현되고 자신에게는 자부심, 자기만족으로 연결될 수 있는 방법이기도 하다.

**연구소형(톤인톤 배색)** >>> 활동이 적으므로 편안한 차림에 업무 분야에 맞는 자신만의 개성을 살려준다. 유사 색상의 배색으로 톤은 같게 하면서 색상은 조금씩 다른 배색으로 하여 온화함과 편안함을 주면서 개성을 살릴 수 있는 패턴에 포인트를 준다. 도트, 스트라이프, 체크 등 자신의 이미지를 돋보이게 할 수 있는 패턴을 선택해 보자.

**공기업(그라데이션 배색)** >>> 색상은 같게, 명도 차이는 크게 하는 배색으로 통일성을 준다. 일반적으로 많이 사용하는 배색으로 전체적으로 조화롭고 차분함으로 신뢰를 더해 주는 이미지를 전달할 수 있다.

## +1 코디 활용으로 이미지를 더하는 액세서리 코디법

**안경** >>> 신입사원 면접의 경우, 안경 착용을 되도록 금하지만 자신의 인상이 지나치게 강할 경우에는 브라운색 뿔테로, 나약한 이미지를 준다면 은색, 무테의 안경 착용을 권한다. 시력 보호 외에 장식이나 자신의 결점을 커버하는 등 긍정적인 이미지 연출을 위한 활용이 늘고 있다.

**귀걸이나 브로치** >>> 얼굴과 체형에 비례하는 크기를 선택하여 자신의 이미지를 돋보이게 하는 역할을 한다. 액세서리의 컬러는 통일시켜서 산만함을 최소화한다. 얼굴에 트러블이 있을 경우 부피감이 있거나 탁해 보이는 무광택의 귀걸이보다는 깔끔하고 심플한 링 귀걸이를 착용한다. 지나치게 화려하거나 위화감을 주는 액세서리는 피한다.

**목걸이** >>> 이너웨어의 네크라인에 따른 목걸이 디자인이 산만함이나 초라함을 최소화할 수 있다. 깊이 파인 V존의 이너웨어에는 짧은 링 목걸이로 선의 중복을 피해 깔끔함을 보여 주고 좁게 목둘레를 감싸는 이너웨어에는 늘어뜨려지는 스타일의 목걸이로 답답함을 없애 준다.

**스카프** >>> 자신을 더욱 강렬하고 부드럽게 표현할 수 있는 센스 코디로, 긴 목에는 스카프를 둘러서 목 옆으로 매듭을 주면 세련된 느낌을 줄 수 있다. 목이 짧은 경우에는 길게 늘어뜨려 시선이 짧은 목에서 머무름을 최소화하며 길어 보이는 효과를 준다.

**양말과 구두** >>> 남성의 경우 센스 있는 코디의 마무리가 바로 양말과 구두이다. 구두의 손질 정도는 일 처리 외 아무짐으로 평가되기도 한다. 구두는 바지 컬러와 어울려야 하며 양말의 색상은 구두와 바지 중 진한 색으로 선택한다.

# 죽음도 두렵지 않은 지독한 사랑의 기억
## "미안하다, 사랑한다 - 차무혁, 송은채"

### 히피 스타일 "차무혁"

드라마 '미안하다, 사랑한다'에서 소지섭이 연기한 차무혁이란 인물은 어린 시절 호주로 입양된 후, 다시 양부모에게서도 버림받아 거리의 아이로 자란 들개 같은 남자이다. '발리에서 생긴 일'에서 보여준 성공한 사업가로서의 차가우면서도 깔끔한 모습은 기억하기조차 힘들게 180° 변한 소지섭의 모습은 심하게 표현하면 망나니 같은 모습으로 분한 것이다. '어떤 옷이든 잘 어울릴 것 같은 연예인'에 선정되기도 했던 소지섭은 특유의 깔끔한 슈트 차림을 벗어 던지고 히피 스타일로 탈바꿈 했다.

차무혁은 한 번 시작하면 끝장을 봐야 직성이 풀리는 다혈질답게 의상, 헤어 스타일 모두 거칠면서도 스타일리쉬하다. 드라마 초반, 호주에서의 차무혁은 힙합 스타일을 유지했다. 진바지에 양키점퍼를 매치시키고 큰 사이즈의 운동화를 신고 있었다. 헤어 스타일 역시 화려한 레게 머리를 하고 피어싱을 잊지 않았다. 이러한 스타일은 두 가지 상반된 이미지를 풍긴다. 자유분방하고 과격하면서 거친 이미지, 동시에 쓸쓸하고 외롭고 고독한 이미지가 그것이다.

무혁이 첫사랑을 지킨 대가로, 머리에 총탄 두 발을 맞고 한국으로 돌아온 후엔 좀 더 한국적인 반항아의 이미지를 표현한 '히피 스타일'을 고수한다. 워싱 처리한 가죽 점퍼, 낡고 거친 스트레이트 청바지에 통가죽 벨트, 꼬박꼬박 두건을 쓰고 수염은 손질하지 않는다. 여기에 무거운 워커를 신고 메탈 소재의 액세서리로 마무리하는데, 컬러 역시 블랙이나 브라운, 카키 같은 낡고 어두운 느낌의 채도가 떨어지는 것을 선택하였다.

어찌 보면 답답할 정도로 우중충하고 어두운 패션이었다. 하지만 그의 차림새가 덥수룩하고 암울할수록, 아픈 과거와 슬픈 현실이 더욱 강조되어 시청자들의 시선을 끌었다. 또 강한 눈빛과 무표정하고 차가운 미소가 그의 차갑고 강렬한 이미지와 완벽하게 부합되어 시청자들의 가슴에 선명한 인상을 남겼다.

## 미안하다, 사랑한다 "송은채"

임수정이 연기한 송은채는 드라마에서 인기가수의 코디네이터로 나오는 만큼 뛰어난 패션 감각을 자랑하였다. 드라마가 방송된 후, 많은 여성들이 그녀의 사진을 가슴에 품고 미용실로 달려가 '이런 헤어 스타일로 만들어 주세요!'라는 주문을 할 정도였다고 한다.

정돈되지 않은 듯한 자연스러운 단발 웨이브 스타일로 바깥으로 뻗치듯 연출해서 발랄하고 캐주얼한 느낌을 강조했다. 은채의 작고 귀여운 이미지와 잘 어울리는 딱 맞는 헤어 스타일이다. 흘러내리듯 질끈 묶은 헤어 스타일 역시 일하는 여성의 적극성을 돋보이게 하는 연출이다.

대중적이면서도 개성이 강한 이미지로 두 마리 토끼를 다 잡은 '송은채식 패션'을 따라가 보자.

극중인물인 송은채는 귀엽고 발랄한 이미지에 걸맞게 깜찍하고 사랑스러운 코디를 주로 선보이지만, 때로는 여성스럽고 성숙한 느낌의 패션을 가미해서 드라마의 흐름에 따라 필요한 이미지를 요술처럼 만들어 냈다. 우선, 그녀의 로맨틱 빈티지 룩은 니트 같은 상의에 짧은 길이의 스커트나 팬츠를 매치시켜 발랄하고 상큼한 이미지를 잘 연출하고 있다. 액세서리로 어그 부츠와 헌팅 캡, 베레모, 니트 소재의 모자나 화려한 머플러와 양말 등으로 포인트를 주어 깜찍하면서도 세련된 스타일을 보여 준다. 여기서 단정한 카디건이나 치마를 적절히 매치시켜, 여성스럽고 사랑스런 이미지를 부각시키기도 한다.

# 이 땅의 모든 삼순이들을 위한 로맨틱 코미디
## "내 이름은 김삼순-김삼순"

드라마 '내 이름은 김삼순'은 뚱뚱하고 예쁘지도 않고 대학 졸업생도 아닌 이른바 '비주류' 여성이 세상을 향해 속 시원하게 내지르는 모습을 담고 있다. 한데 그 모습은 보고 또 봐도 통쾌한 '한판'이었다. 큰 인기를 얻은 이 드라마의 주인공인 삼순이에 대해 많은 여성들이 공감하고 있는 가운데 남성들은 삼순이가 '여성미가 부족하다.'고 느끼는 것으로 나타났다.

'뚱뚱하고 예쁘지 않은 삼순이'를 '당당하고 자신감 있게' 보여준 의상 센스를 알아보자.

1. 평소 늘 티셔츠에 청바지 차림의 의상을 입는다.
   네크라인은 긴장감을 완화시킬 수 있는 심리와 털털하고 소박한 성향을 보여 준다. 귀걸이는 심플한 디자인의 작은 크기로, 평소의 캐주얼 정장에 무난하게 어울리는 디자인이나 활동적인 이미지 연출을 위한 크로스백에 털털한 걸음걸이 강조를 위한 운동화 스타일를 신는다.

2. 헐렁하고 큰 V네크라인 티셔츠에 캐릭터로 자기표현을 잘하고, 쉽게 고민하지 않는 낙천적인 성향을 보인다.

3. 대화 시 얼굴을 주목하면 무표정하면서도 선명한 눈빛에서는 김삼순의 뚜렷한 의지와 화끈하고 뒤끝 없는 성격이 엿보인다.

이러한 삼순이 신드롬은 의상에서 주는 이미지만은 아닐 것이다.
사랑에 좌절하면서도 꿋꿋하게 실력으로 인정받고, 실직을 한 다음날에도 새벽 일찍 일어나 케이크를 구우며 스스로 용기를 복돋울 정도로 자신의 인생을 책임지는 서구적 가치관이 이 시대를 함께 하는 모든 이에게 더욱 부각되었을 것이다. 한마디로 삼순이 신드롬의 원인은 '내면이 발현된 코디의 적절성' 이라고 볼 수 있다.

## 김삼순의 이미지 살리기!

### 1. 얼굴이 크고 목이 굵은 경우

얼굴이 큰 경우 헤어 스타일이나 메이크업으로 커버하는 것이 가장 효과적이다. 가벼운 볼터치로 고객을 상대하는 직업에서의 호감도를 높일 수 있고 결점을 보완할 수 있다. 얼굴이 큰 사람은 일반적으로 머리카락으로 얼굴을 가리는데 머리카락의 부피가 전체적으로 머리를 더 크게 보이게 한다.
목 부분을 최대한 심플하게 하고 보우트 네크라인 디자인보다는 칼라가 큰 셔츠나 V네크라인이 좋고 색싱대비가 큰 옷보다는 톤온톤의 부드러운 배색으로 연출하는 것이 효과적이다.

### 2. 가슴이 큰 경우

가슴 부분에 장식이 들어가 있는 것은 피하고 상체가 드러나는 얇은 소재의 티셔츠보다는 목 둘레가 단정한 기본형을 선택한다. 라운드 티셔츠를 입을 경우 같은 계열의 V네크라인 재킷을 덧입는다. 가슴에 브로치는 되도록 피한다.

### 3. 팔이 굵은 경우

팔의 제일 굵은 부분에서 사선으로 잘린 반팔은 피한다. 7부 소매나 긴 셔츠를 걷어 올려 멋스러움을 연출하는 것도 효과적이다.

### 4. 엉덩이가 큰 경우

가슴부터 아래로 내려갈수록 조금 넓게 퍼지는 A라인 원피스가 효과적이다. 위 아래를 같은 옷으로 입고 상의의 길이는 엉덩이 부분을 가려 줄 만한 길이로 선택한다. 굵은 체크 무늬나 주름이 있는 스커트는 엉덩이를 강조하므로 주의한다.

# 프라하에서의 가을빛 특별한 사랑 이야기
## "프라하의 연인 – 윤재희"

드라마 속의 윤재희는 명석한 두뇌를 자랑하는 외교관이자 '대통령의 딸'이다. 그야말로 과감하고 대단한 설정이 아닐 수 없다. 극 중에서 자연스럽게 이 캐릭터를 소화하는 것 자체가 이미지 메이킹 성공인 것이다.

대통령의 딸이지만, 스스로의 힘으로 실력을 인정받고자 노력하는 여성 외교관 윤재희. 그녀의 패션 컨셉은 고급스러우면서도 여성스러운 두 가지 감각을 동시에 선보이는 것이다.

드라마에서 자주 볼 수 있는 크롭 팬츠는 무릎 길이의 짧은 반바지로 다리를 길어 보이게 하는 효과가 있으며, 정장 분위기를 연출해 평범한 재킷 또는 스웨터를 매칭해서 자유분방하면서도 세련된 외교관으로 등장한다. 재킷 안에는 패로맨틱한 분위기의 블라우스로 코디하여 여성스런 이미지를 강조한다. 전반적으로 약간 귀족풍의 고급스런 느낌으로 드라마 속 상황을 잘 연출하고 있다. 평소에 재킷 안쪽에 약간 공주풍의 화려한 블라우스를 즐겨 입고 휴일이나 데이트

시에도 역시 로맨틱한 니트나 원피스를 즐겨 입는다. 극의 역할상 어느 정도 상류계층의 보수적인 톤에 귀엽고 사랑스런 느낌을 주도록 노력한 듯이 보인다.

그러나, 이미지 컨설팅의 컨셉은 직업적인 이미지에 초점을 맞춰야 한다. 개인의 이미지는 그 개인이 속한 회사나 직종에 적합한 이미지여야 한다.

"먹는 것은 자기가 좋아하는 것을 먹되 입는 것은 남을 위해 입어야 한다."

미국의 정치가이자 외교관인 벤자민 플랭클린의 말이다. 이는 옷만큼은 자기만을 위해서 입지 말라는 것이다.

국가의 이미지를 대표하는 외교관에게는 조금 더 조심스런 자기표현이 필요하다.

### 외교관의 일상 근무시

- 다소 보수적이고 단정한 차림
- 위 아래가 같은 컬러인 정장
- 가능한 한 치마 정장
- 심플함을 강조한 깔끔한 라인, 무릎 길이의 스커트

### 상황별 코디

- 격식을 차린 듯한 딱딱한 느낌보다는 센스 있는 감각으로 자신을 강조한다.
- 의상은 심플한 감각이 돋보이는 것으로 선택하고 대신 소품 활용으로 악센트를 주는 스카프, 액세서리로 프로페셔널한 이미지를 연출한다.
- 당당한 커리어우먼의 이미지를 연출할 수 있는 스트라이프 슈트도 효과적이다.

# Part 3

## 이미지 컨설팅의 가치, 자신감을 창출한다

## 샐러리맨의 성공전략 지침서

### 1. 항상 웃어라

내적인 웃음이 쉽게 외적으로 표현된다고 알고 있다. 하지만, 웃음이 나오는 과정이 지금까지의 생각처럼 뇌 속의 여러 장소에서 이루어지는 것이 아니라 웃음보에서 일괄처리 된다는 사실을 아는 사람은 드물 것이다. 즉, 뇌 속의 '웃음 모니터'가 뺨의 근육을 작동시키는 것은 물론 즐거운 생각을 촉발시켜 웃음의 동기를 부여한다.

웃을 때 억지로 웃는 수동적인 웃음보다는 진정 마음에서 우러나오는 웃음으로 자신을 조율할 수 있는 사람이 진정한 프로의 모습이다. 미국인들이 9·11 참사 이후 참사 초기에는 모두들 유머를 잃었지만, 이제는 전자우편이나 인터넷을 통해 유머가 다시 살아나고 있음을 경험해 보았을 것이다. 이 예를 통해 심리 전문가들은 유머가 개인뿐 아니라 집단 심지어 국가까지 치유할 수 있는 능력을 갖고 있다고 말한다.

### 2. 긍정적인 마인드를 가져라

진정한 웃음 속에서만 비롯되는 내적인 표현이 긍정적인 마인드이다. 누군가 당신에게 "요즘 어떠세요?" 라고 묻는다면 열정과 힘이 담긴 대답이 얼마나 나올까? 일반적으로 "끝내 줍니다.", "죽여 줍니다.", "좋습니다."의 긍정형, 대개는 "그저 그래요.", "늘 똑같아요."의 무반응형, 사고보다는 입버릇처럼 말하는 "피곤해요.", "죽을 지경이에요.", "별로예요."의 부정형 세 가지 형태로 대답한다.

어떤 사람과 함께 하고 싶은가? 좋은 표현이 성공의 씨앗을 만들 수 있음을 명심해야 한다.

## 3. 상대의 말을 적극적으로 경청하고 공감을 표현하라

　핵가족화로 접어 들면서 '우리' 보다 '나'가, '타인과 함께' 보다는 'PC'에 익숙해진 안타까운 현실이 되고 있다.
　누군가와 대화할 때 어디를 바라 봐야 할까? '눈'이 정답이다. 하지만, 대답만큼 실천하지 못하는 부분이 바로 시선 맞추기이다. 가장 가까운 동료의 눈매를 눈을 감고 그려보자. 얼마나 그려낼 수 있는가? 부드러운 시선 맞추기가 상대를 편안하게 해줄 수 있다.
　상체는 15° 정도 상대를 향해 기울이고 시선 맞추기와 함께 잔잔한 미소로 경청한다. 그리고 중간중간에 공감 표현을 한다. 즉, '구나 구나 화법', '그러셨어요…', '그렇죠…', '그러게요…', ' 와~', '역시…', '야~'. 상대의 자신감 있는 얼굴을 확인할 수 있을 것이다. 습관적인 작은 경청과 공감이 인간관계에서도 상대방에게도 많은 힘이 될 수 있다.

　남녀의 예를 들어보자.
　모처럼 연인들이 데이트를 하려 한다. 잔잔한 음악에 드라이브를 하는데 갑자기 승용차가 앞을 가로질러 이 연인을 놀라게 했다. 놀라기도 하고 자존심 강한 남자가 거센 숨을 몰아 쉬며 속력을 낸다. 이때 대개의 여자는 "참아. 뭐 그걸 갖고 화를 내고 그래?" 공감이 부족했던 이 말 한마디에 남자의 자존심은 무너진다.
　오히려 "잡아!", "붙어!", "박아!" 라고 했을 때 남자는 공감해준 것에 대한 감사의 표현을 한다. "됐어… 뭘, 밥이나 먹자." 그 차이다. 이게 무서운 사람만이 할 수 있는 기술이다.

자신만의 장점이나 소중함을 발견하지 못하면
이미지에 대한 관심은 줄어들게 마련이어서,
결국 자신을 최고의 상태로 활성화 시키는
이 중요한 노력은
먼 나라 얘기로 흘려 보내기 십상이다.
그러므로 자신만의 아름다움을 찾아보자.
누구에게나 장점은 있게 마련이다.
이 장점을 잘 돋보이도록 하기 위해서는
무엇보다 자신만의 노력이 반드시 필요하며
또 중요하다. '나'를 발견하는 일,
이것이 이미지 메이킹의 시작이다.

# 자기발견과 자기발전의 놀라운 기쁨, 이미지 메이킹

"뚝배기보다 장맛!"이라는 말이 있다. 겉으로 보기에는 하잘것없으나 내용은 겉모습에 비해 매우 훌륭하다는 뜻이다. 겉으로 보여지는 모습이 중요한 것이 아니라, 그 안에 담겨 있는 장맛에 치중해야 한다는 말이다.

하지만 이미지 메이킹 시대를 살아가는 우리는, 여기에 한 가지 해석을 더 추가해야 한다. 뚝배기보다는 장맛이지만, 요즘은 장맛을 홍보하기 위해 그 장맛의 이미지에 정확하게 들어맞는 뚝배기를 매칭시킨다는 것이다. 달리 표현하면 아무리 훌륭한 장맛을 지녔어도, 그 장국이 일회용 스티로폼 용기에 담겨 있거나 비닐에 대충 싸놓기만 했다면 사람들의 외면을 받을 것이고, 반대로 지나치게 화려한 그릇에 담겨 있다면 그 뛰어난 장맛을 상상하지 못할 것이다. 이것이 바로, 우리가 반드시 이미지 메이킹을 해야 하는 이유이다.

외모 지상주의에 빠져 무조건 화려하고 눈에 띄는 치장을 하자는 것이 아니다. 자기 안에 있는 수많은 이미지 중에, 그 순간과 상황에 어떤 이미지가 필요한지 정확하게 파악하여 꺼내어 펼쳐 보일 수 있는 능력, 그것이 자신의 경쟁력이 되어 줄 것이고, 결국 행복을 가져다 줄 것이다.

이 시대를 살아가면서 우리는 수없이 많은 사람들에게 보여지고 선택되어진다. 처음 보는 상대방의 성격, 능력, 경력은 알 수 없지만 사람들이 보편적으로 선호하는 이미지 성향이 있게 마련이고, 외모에서 우러나오는 고유의 이미지 또한 있기 마련이다. 때문에 이미지 메이킹의 최종 목적은, 그야말로 자신만의 아우라(Aura)를 만들어 가는 것이다.

아우라는 예술가가 자신의 혼을 불어 넣어 만든 작품들에서 느껴지는 고고한 분위기를 일컫는 말이다. 유일무이한 명작들에서는 이러한 '아우라'를 느낄 수 있지만, 복제품이나 대충 만든 작품에서는 느껴지지 않는 고상한 기운, 품위, 에너지 등을 가리킨다고 한다. 이것은 곧 자신에게서만 느껴지는 가치를 이미지 메이킹을 통해 마음껏 발산하는 과정이기도 하다.

그러기 위해서는 우선 자신 안의 순환이 원활하게 이루어져야 한다. 버릴 것을 잘 버릴 줄 알아야 받아들여야 할 것 또한 잘 받아들인다. 두 손으로 뭐든 꽉 쥐고 있으면 다른 것을 쥘 여유가 없기 마련이다.

이미지 메이킹도 마찬가지다. 변화를 두려워하지 말고, 버릴 것은 버리고, 취할 것은 취할 수 있는 용기가 있어야 한다. 이것에 자신감과 겸손함을 갖춘다면, 성공 이상의 행복을 느낄 수 있을 것이라고 확신한다.

과거의 이미지 컨설팅이 정치인이나 연예인의 전유물로 여겨졌다면 최근에는 기업뿐만 아니라 개인의 가치를 높이기 위해 상대방에게 각인될 수 있는 고

유한 이미지를 만들어가는 추세이다. 이것이 바로, 이미지 컨설팅이 각광받는 이유이기도 하다.

이미지 컨설팅을 하다 보면 잊을 수 없는 고객이 있게 마련이다. 대기업에서 정년 퇴임 후 건물 임대관리를 하는 사람이 필자에게 이미지 컨설팅을 의뢰하였다. 165cm 신장에 마른 체형인 그는 길이가 짧고 타이트한 의상을 선호하며 게다가 말을 더듬기까지 했다. 일단 단시간 내에 변화를 보여줄 수 있는 외모부터 컨설팅해 나가기 시작했다.

### Visual Dynamic consulting

작고 마른 체형에서 보이기 쉬운 가벼운 이미지의 첫인상을 보완하기 위하여 걸음걸이의 보폭, 제스처 등을 천천히 하도록 유도했다. 더듬는 말투가 체형에 부각되는 점을 최소화 하기 위해 억양을 넣어 호감도를 높이고 속도를 늦춰 신뢰를 줄 수 있는 음성을 제안했다.

### Color consulting

컬러에 신경을 써야 하는 체형으로 마른 체형을 보완하기 위해 파스텔 톤, 밝은 톤 등의 컬러를 활용했다. 셔츠에는 줄무늬 또는 체크무늬로 개성을 살리되, 기존에 소유하고 있는 옷을 활용할 수 있도록 조언했다. 되도록 길어 보이는 느낌을 주기 위해서 한 벌 슈트에 구두 컬러 역시 같은 색으로 매칭시켜 신장을 길어 보이게 유도했다. 또한 슈트 소재도 광택이 있는 컬러를 사용해 부피감을 줄 수 있도록 했다.

### Silhouette consulting

가장 중요한 것은 적당한 길이의 꼭 맞는 사이즈가 체형결점 보완에 효과적이라는 점이다. 전체적인 라인을 형성하고 V존에 시선을 집중시킬 수 있도록 볼륨감을 살려 주는 넥타이를 포인트로 코디했다. 이와 같이, 의뢰인의 강점을 발견하여 부각시킬 수 있으면서 소유한 의상과 소품을 활용하여 표현할 수 있는 방법을 제안했다. 얼마 후 변화가 보이기 시작했고 한 달 후 의뢰인이 방문했을 땐 너무나도 달라진 모습이 느껴졌다. 그 중 가장 큰 변화는 어눌하고 더듬는 말투가 느껴지지 않을 정도로 개선된 점이다. 외적인 이미지 변화를 통해 자신감을 발견한 사례이기도 하다.

이렇듯 개개인에게 잠재돼 있는 내면의 능력을 표출시킴으로써 적극적이고 자신감 있는 사람으로 보여지게 하는 것이 진정한 이미지 메이킹이다.

## 루키즘 시대에 적응하기

학벌, 종교, 지위, 성별 등으로 사람을 판단하던 때가 있었다. 그런데 이제는 외모를 가지고 사람을 판단하는 시대가 도래하였다. 외모가 잘 생겼느냐, 못생겼느냐가 아닌, 상대에게 얼마큼 호감을 주느냐에 따라 업무실적이나 고객의 만족도가 달라지며 직장 내 승진의 여부가 결정되는 시대, 즉 루키즘(Lookism) 시대가 온 것이다. 자신이 가진 호감을 전달하는 능력은, 개인의 노력 여하에 따라 얼마든지 계발이 가능하다. 물론, 외모로 그 사람의 몸값이 올라간다는 것은 아니지만, 업무처리능력에 호감을 주는 외모까지 겸비한다면 상대에게 더 큰 신뢰를 줄 수 있을 것이다. 관심은 있으나 자신감이 없어서 시도도 못해 보았다면 자신만의 특별한 이미지를 계발하여 표현해 보자.

이미지 컨설팅이라고 하면 흔히 외적인 변화만을 떠올리게 되는데, 우선 성공적인 목표 이미지 설정을 위한 3가지 요소에 대해 알아보자.

## 1. 자신을 아끼는 자긍심, 자아존중

자신에 대해 '소중하다'고 인식을 하고, '나'라는 존재를 의식시키는 과정을 말한다. 사람은 하루에도 오만 가지 생각을 하는데 그 중 부정적인 생각이 80%를 차지한다고 한다. 인간을 가만히 내버려 두면, 자연스레 사고의 방향이 걱정이나 근심, 고민거리 쪽으로 흐르게 된다는 얘기이다.

예를 들어, '난 너무 늙었어. 지금 뭔가를 시작하기에는 너무 늦었어.', '답답한 현실이지만 여자로서는 어려워. 꿈도 꾸지 말고 포기하는 게 낫지.', '키가 작고 뚱뚱하잖아. 이런 나한테, 누가 기회를 주겠어?' 이러한 부정적인 사고의 반복은 아름다운 자신을 표현하는 데 장애가 될 뿐이다.

자신만의 장점이나 소중함을 발견하지 못하면 이미지에 대한 관심은 줄어들게 마련이어서 결국 자신을 최고의 상태로 활성화 시키는 이 중요한 노력은 먼 나라 얘기로 흘려 보내기 십상이다. 그러므로 자신만의 아름다움을 찾아보자.

누구에게나 장점은 있기 마련이다. 이 장점을 잘 돋보이도록 하기 위해서는 무엇보다 자신만의 노력이 반드시 필요하며 또 중요하다. '나'를 발견하는 일, 이것이 이미지 메이킹의 시작이다.

## 2. 개인의 능력

개인의 능력이란, 자신의 일에 대한 능력을 의미한다. 인생의 75%를 보내는 직장에서 업무능력의 정도는 목표 이미지를 설정하는 데 큰 영향을 미친다. 자신의 능력표현에 이상이 없다면 무슨 일이든지 능력 있게 잘 처리한다는 이미지가 부여될 것이다. 실패의 악순환이 아닌, 성공의 순순환을 위한 열쇠를 얻을 수 있는 것은 자기 자신뿐이다.

## 3. 뚜렷한 비전과 목표

뚜렷한 목표를 설정하는 것을 말한다. 자신이 무엇을 위해 살아야 하고, 어떻게 살아가야 하겠다는 방향감각이 없을 정도로 의미와 가치를 상실하고 사는 경우가 많다. 목적을 이룰 수 있는 역량이 있고 없고의 유무가 아니라, 뚜렷한 목표를 향하여 한 걸음 두 걸음 내딛고 있느냐의 과정에 만족할 줄 아는 것이 중요한 것이다. 사람은 목적이 있어야 하고 분명한 목표가 있어야 한다.

자아존중감이 높고 이로 인한 목표설정이 확실한 사람은 이미지 메이킹에 깊은 관심을 갖고 있기 마련이다. 따라서, 위의 3가지 요소에 의해 자신의 목표이미지를 설정하고 그 부족한 부분을 컨설팅 하는 것이 필요하다. 이미지의 발굴과 부각으로 '나' 라는 상품에 대한 가치를 포장하자. '내가 어떤 일을 하느냐?' 보다는 '내가 어떤 일을 한다고 보여지느냐?'가 중요하다. 지금 자신의 모습은 과연 어떻게 비춰지는지 점검해 보아야 할 것이다.

　기업에서 이미지 컨설팅이 각광받는 이유 또한 직원은 기업의 사회적 평판을 좌우하는 살아있는 홍보매체이기 때문이다. 그러므로 어느 특정 기업의 구성원으로 속해 있을 때 그것은 곧 기업 이미지가 된다. 더군다나 고객만족 시대로 호감을 주는 개인의 이미지는 기업에 긍정적인 영향을 미친다. 좋은 이미지로 기억되느냐, 나쁜 이미지로 기억되느냐는 앞으로 자신이 해결해야 할 몫이다.

# 이미지 컨설턴트의 힘

요즘을 자기 PR 시대라고 한다. 현대사회가 더욱 빨리 진보하고 발전할수록 이미지의 중요성이 증가하는 것은 당연한 이치인 것이다. 그리고 이러한 측면에서, 개인의 발전을 도와주는 사람들을 바로 '이미지 컨설턴트'라고 부른다.

이미지 메이킹(Image making)및 이미지 컨설팅(Image consulting)이란, '특정인의 이미지를 타인에게 어느 상황에서든 필요한 사람으로 만들어 주고 그 능력을 배가시켜 주며 더 나아가서는 잠재능력을 밖으로 표출시켜줌으로써 활동력 있고 자신감 있는 사람으로 보여지게 하는 것'이며, 이러한 일을 하는 사람을 '이미지 컨설턴트'라고 한다. 이미지 메이킹과 이미지 컨설팅의 미묘한 차이라면, 전자는 타인에게 좋은 인상을 주고 호감을 주는 이미지를 강조하면서 '일정한 룰'을 만들었다는 차이점이 있다.

반면, 사람들은 갖가지 모양을 가지고 있는데 그렇게 일정한 틀에 맞출 수는 없다는 생각에서 시작된 것이 이미지 컨설팅이다. 때문에 이미지 컨설턴트들은 '각자의 개성'에 초점을 맞춘다. 사람은 개인에 따라 다양한 이미지가 나와야 하기 때문이다. 그래서 이미지 컨설팅은 심리 컨설팅부터 시작한다. 그 사람을 알아야 그 사람에 맞는 이미지를 컨설팅할 수 있기 때문이다.

현직 컨설턴트들은 하나같이 개인 이미지를 바꾸기 위해서는 고정관념 및 선입관이 제거되는 것이 가장 중요하다고 강조한다. 그러기 위해서는 책임감 및 친밀력(친화력), 이미지 변화와 그 효과를 요구하게 된 이유를 파악해서 앞서가는 예측력, 예술분야에 대한 박식함과 교양, 서적을 통한 간접 경험 등이 필요하다. 이미지 컨설턴트가 역할을 수행해 나가는 과정은 우선, 개개인에 대한 특성을 파악한 후 요구되는 이미지나 PR부분을 발견하고 이미지 설정을 계획한다. 계획수립 시에는 대중과의 접촉을 통한 각종활동 등 다양한 영역에서의 현재상태를 진단해야 한다. 그 후 문제점이 파악되면 새로운 이미지를 만들기 위한 전략, 전술을 수립하고 설정목표에 대한 준비와 분야를 선별하여 메이크업, 균형 잡힌 자세, 대화 등 구체적인 컨설팅을 시도한다.

교육 시 서로가 처음 보는 어색함 속에서도 교육생을 한자리에 원으로 세워 상황을 설정해 본다. 그 상황엔 반드시 이유가 있어야 한다. '창 밖엔 눈이 내리기 시작한다. 지금 이 순간에 함께 하고 싶은 사람에게 다가가세요.', '이번엔 은행을 털려고 한다. 혼자는 왠지 두려움이 있는데, 이 사람과 함께라면 용기를 낼 수 있겠다. 그 분에게 다가가세요.', '그럼, 자녀가 있다면 닮고 싶은 모델링이 있으세요? 그 분에게 다가가 주세요.' 와 같은 이미지 오프닝 게임

(Opening games)을 시도한다. 사람들의 선택에는 제각기 이유가 있다. '내 얘기를 잘 들어줄 것 같은 사람', '업무처리가 꼼꼼할 것 같은 공정함이 느껴지는 사람', '나의 부족한 부분을 채워줄 수 있는 사람'에게 마음이 가고 손을 뻗게 마련이다. 우리는 하루에도 수없이 많은 사람에게 보여지고 선택된다. 그 선택 기준은 바로 이미지이며, 외모는 내면을 표현하는 언어이다.

예전엔 대중화 · 다양화 시대였다면 이제는 개성화 시대이다. 가전제품을 구입하더라도 기업체를 먼저 선택하는 시대에서 어느새 개인 브랜드 네임을 중시하는 시대가 도래하였다.

'하우젠', '트롬' 등의 브랜드 네임은 어느 기업체인지는 모르나 소비자의 머릿속에 각인되고 있다. 아파트도 마찬가지이다. 예전엔 건설회사 이름이 곧 아파트 이름이었다. 그러나 요즘의 아파트를 보면 어울림, 자이, 푸르지오, 래미안 등 제각기 아름다운 브랜드 네임으로 기업의 가치를 더 해주고 있다.

여담으로 우스갯소리를 하나 하자면, 여성에게 가장 인기 있는 아파트는 '월드 메르디앙'이라고 한다. 그 이유는 아파트의 이름을 시어머님이 발음하기 어려워서 못

찾아오기 때문이라고 한다. 이런 우스갯소리가 등장할 만큼 고급스러운 아파트의 브랜드 네임이 대폭 늘어나고 있다.

"당신의 이미지는 어떻다고 생각하세요?"라는 질문을 하면 당황해 하며 고민하는 사람이 많다. 반대로 "저의 이미지는 어때요?" 라고 질문하면 여기저기 웅성거림이 들린다. '승무원 같아요.', '아나운서 같아요.', '냉정해 보여요', 등등 각양각색의 대답이 나온다. 그만큼 우리는 살아오는 동안 우리의 시선을 자신보다는 타인에게, 주로 타인의 분석에 초점을 맞춰 왔다. 그러나 다행인 것은 "당신은 어떤 사람입니까?"라는 질문을 하면 80% 이상이 긍정적인 대답을 한다는 것이다. '행동이 빠릅니다.', '끈기가 있습니다.', '모든 면에서 적극적입니다.', '좋은 것은 남에게 권합니다.', '잘 들어주는 능력이 있습니다.', '업무에 철두철미 합니다.' 등등.

하지만 그것은 오직 자신만 생각하는 장점일 뿐 타인에게는 그렇지 않을 때도 있다. 오히려 '성급하다.', '끈질기다.', '너무 끼어드는 경향이 있다.', '남에게 강요한다.', '자기주관이 뚜렷하지 못하다.', '시간관리가 부족하다.' 등의 이야기를 하기도 한다. 자신이 느끼는 모습이 타인이 보는 모습과 다를 경우 이 거리를 줄이는 과정이 바로 이미지 컨설팅이다. "내가 느낀 나의 모습이 아닌 타인이 보고 느낀 나의 모습"이 자신의 이미지라는 것을 잊지 말자.

이미지 컨설팅이란 자신의 모습을 효과적으로 포장해서 보여주는 것이다. 그러나 사람은 겉만 봐선 모른다고들 한다. 개개인의 가치관과 정신세계까지도

이미지가 보장해 주지는 못하기 때문이다. 그럴듯해 보이는 외면의 이미지와 뭔가 모자란 듯한 내면의 실제 사이의 거리는 자꾸만 멀어지고, 그 거리 때문에 이미지에 대한 불신은 늘어가는 것이다. 이미지를 만들고 관리하는 것은 현대 사회를 살아가는 사람들이 갖춰야 할 중요한 요소이다. 하지만, 훌륭하게 다듬어진 이미지와 부합되는, 정신적 성숙을 위한 노력이 수반되어야만 그 이미지가 제대로 자리잡아 빛을 발할 수 있을 것이다.

# 가치로운 자기극복의 과정

'자기극복이 끝났을 때에 성공은 비로소 시작된다.' 라는 말이 있다. 사실 세상에서 가장 힘든 일이 자신을 극복하는 과정이 아닐까? 수많은 다짐과 고민, 번뇌의 시간과 만족스럽지 못한 결과를 받아들여야 하는 실망이나 절망 역시 '자기극복'에 꼭 필요한 과정이다.

어릴 적, 어른들로부터 가장 듣기 싫었던 것이 바로 '잔소리'였을 것이다. 기억은 나지 않지만 아마 태어나면서부터 우리는 잔소리를 듣고 컸다. '우유 마시고 나면 트림을 해야지.', '쭈까쭈까 해야지 키가 커요.', 결국 우유 먹은 다음에는 꼭 트림을 하고 키가 큰 다음엔 또 이런 소리를 들었다. '밥 먹은 다음엔 꼭 양치질을 해야 해요.', '어른 만나면 반드시 인사 드려요.', 하지만 나이가 들어가면서 잔소리는 점점 줄어들게 마련이다. 바야흐로, '혼자 알아서 잘 해야 하는' 시기가 온 것이다.

하지만 이러한 자유로움을 만끽하는 즐거움은 잠깐이고, 혼자 알아서 잘 한 일에 대한 책임도 동시에 져야 하는 때가 온다.

이렇게 어른이 되고 사회화된 지금, 자신의 이미지 개선을 위한 노력의 시작은 결국 스스로에게 하는 애정 어린 잔소리에서 시작될 수 있다. 스스로 노력하는 그 작은 움직임이 놀라운 변화를 가져올 것이다.

---

**애징어린 조언 I | 좌절극복**

사람들 앞에 선 후에는 반드시 좌절감이 밀려왔다. 사회생활을 하면서 사람들 앞에서 뭔가를 발표하거나 설명하는 일을 피한다는 것은 거의 불가능한 일이었다. 분기별로 실적보고를 해야 했고, 다음 분기 예상보고까지 해야 했다. 그리고 고객 사무실에서 하는 프리젠테이션은 더 끔찍했다.

'제발, 이런 시간만 없어도 사회생활 할만 할 텐데…'

나는 좀 더 잘 해보려고 마음을 다잡고 시도했지만, 결과는 공식처럼 똑같았다. 이런 나의 무력한 태도에 매우 화가 났다. 도대체, 왜 나아지지 않는 건지, 정말 좌절이다!

---

위의 사례는 좌절감이 매번 반복되고 있음을 의미한다. 심리학자들은 좌절을 '어떤 목표를 추구하는 것이 방해 받는 상황에서 일어나는 것'이라고 정의한다. 모든 사람들은 사실상 매일 좌절을 경험한다. 따라서 이러한 부정적인 감정을 극복하기 위해서는 그 감정을 잘 다룰 줄 알아야 한다.

예를 들어, 좋은 이미지를 전달하기 위해 말을 더듬고 주춤거리는 버릇을 고치기로 결심했다고 가정해 보자. 그런데 막상 사람들과 이야기하면서 나아지는 것이 하나도 없었다. 이런 일이 반복되면 아마 좌절감을 느낄 것이다. 하지만 어느 날, 우연히 시작한 "좋은 아침이군요?"라는 말을 당당하고 자연스럽게 했다면 그 인사 한마디가 성격과 대인관계에도 영향을 줄 것이며 곧 좌절의 늪에서 빠져나올 수 있게 된다.

다행히 대부분의 좌절은 이렇게 간단한 것이다. 모든 사람들은 적어도 그들이 노력한 것 중 몇 가지는 실패한다. 어떤 사람들은 스스로 비현실적인 목표를 세움으로써 거의 필연적으로 실패하기도 한다. 때문에 '좌절'이라는 부정적인 감정은 스스로 조절하고 관리할 수 있는 정신적인 건강과 노력이 뒷받침된다면 충분히 극복할 수 있게 된다.

---

**애정어린 조언 Ⅱ | 갈등극복**

※ 했어야 할까, 하지 말았어야 할까?

---

갈등 역시 일상생활에서 피할 수 없는 측면이다. 이런 골치 아픈 질문은 일상 속에서 무한히 반복된다. 중요한 것은 결국 '숨은 욕구'를 찾아내어 서로 'Win-Win' 할 수 있는 제3의 대안을 찾아 보는 것이다.

### 애정어린 조언 Ⅲ | 변화극복

평안감사도 저 싫으면 그만이라는데, 아무리 보기 좋다고 해도 불편해서 이렇게는 못 살겠다. 그냥 적당히 손해 보더라도 내 스타일 대로 살아야지. 남들 눈 신경 쓰면서 스트레스 받느니, 그냥 하던 대로 살자! 이러고 평생을 살아 왔는데, 갑자기 이걸 어떻게 다 바꾸란 말인가? 특히 이런 하늘색 스웨터는 내가 우스워 보일 것 같다. 매번 입던 대로 검정색이나 회색이 훨씬 편하다…

삶의 변화는 재적응을 요구하기 때문에 스트레스의 중요한 원인이 되기도 한다. 위와 같은 상황에서 갑작스런 이미지 변화를 시도하는 것 역시 보수적이고 소극적인 사람에겐 대단한 스트레스가 될 수도 있다. 하지만 가끔 우리는 더 멋진 집으로 이사를 가는 것과 같은 긍정적 사건에서도 스트레스를 느낀다. 이것들이 변화를 요구하기 때문이다. 일상적인 생활습관을 고쳐야 한다는 것 자체가 스트레스를 줄 수 있다. 따라서 그 변화의 긍정적인 측면을 상상하고 그 가치를 평가하여 즐거운 변화를 유도하는 과정이 필요하다.

### 애정어린 조언 Ⅳ | 압력극복

당신이 만약 판매원이라면, 보통 많은 양의 상품을 팔아야 하는 압력을 받는다. 당신이 만약 코미디언이라면, 다른 사람을 웃겨야 한다는 압력을 받는다. 당신이 만약 사업가라면, 깔끔한 양복에 넥타이를 매야 한다는 압력을 받는다. 당신이 연구원이라면, 명성 있는 학회에 연구 보고서를 제출해야 한다는 압박을 받는다.

우리가 스스로 이미지 메이킹을 하거나 그에 관심을 갖는 이유는 바로 이러한 사회적인 압력을 의식하기 때문이다. 압력은 개인에게 어떤 식으로 행동하도록 하는 요구나 기대를 포함하고 있다. 압력은 크게 어떤 일을 하도록 기대되는 '수행'에 대한 압력과 어떤 가치나 규칙에 순응할 것으로 기대되는 '순종'에 대한 압력으로 크게 나뉜다. 위의 사례에 열거한 압력은 수행에 관한 것이고, 젊은이들에게 일정한 연령이 된 후에 결혼을 하도록 기대되는 것은 '순종'에 대한 것이다. 이러한 기대를 심적 부담이 아닌 자기발전의 기회로 받아들인다면 더없이 좋은 결과를 체험할 수 있을 것이다.

# 가림출판사 · 가림M&B · 가림Let's에서 나온 책들

## 문 학

**바늘구멍** 켄 폴리트 지음 / 홍영의 옮김 / 신국판 / 342쪽 / 5,300원
**레베카의 열쇠** 켄 폴리트 지음 / 손연숙 옮김 / 신국판 / 492쪽 / 6,800원
**암병선** 니시무라 쥬코 지음 / 홍영의 옮김 / 신국판 / 300쪽 / 4,800원
**첫키스한 얘기 말해도 될까**
김정미 외 7명 지음 / 신국판 / 228쪽 / 4,000원
**사미인곡 上·中·下** 김충호 지음 / 신국판 / 각 권 5,000원
**이내의 끝자리** 박수완 스님 지음 / 국판변형 / 132쪽 / 3,000원
**너는 왜 나에게 다가서야 했는지**
김충호 지음 / 국판변형 / 124쪽 / 3,000원
**세계의 명언** 편집부 엮음 / 신국판 / 322쪽 / 5,000원
**여자가 알아야 할 101가지 지혜**
제인 아서 엮음 / 지창국 옮김 / 4×6판 / 132쪽 / 5,000원
**현명한 사람이 읽는 지혜로운 이야기**
이정빈 엮음 / 신국판 / 236쪽 / 6,500원
**성공적인 표정이 당신을 바꾼다**
마츠오 도오루 지음 / 홍영의 옮김 / 신국판 / 240쪽 / 7,500원
**태양의 법** 오오카와 류우호오 지음 / 민병수 옮김 / 신국판 / 246쪽 / 8,500원
**영원의 법** 오오카와 류우호오 지음 / 민병수 옮김 / 신국판 / 240쪽 / 8,000원
**석가의 본심** 오오카와 류우호오 지음 / 민병수 옮김 / 신국판 / 246쪽 / 10,000원
**옛 사람들의 재치와 웃음**
강형중·김경익 편저 / 신국판 / 316쪽 / 8,000원
**지혜의 쉼터** 쇼펜하우어 지음 / 김충호 엮음 / 4×6판 양장본 / 160쪽 / 4,300원
**헤세가 너에게**
헤르만 헤세 지음 / 홍영의 엮음 / 4×6판 양장본 / 144쪽 / 4,500원
**사랑보다 소중한 삶의 의미**
크리슈나무르티 지음 / 최윤영 엮음 / 신국판 / 180쪽 / 4,000원
**장자-어찌하여 알 속에 털이 있다 하는가**
홍영의 엮음 / 4×6판 / 180쪽 / 4,000원
**논어-배우고 때로 익히면 즐겁지 아니한가**
신도희 엮음 / 4×6판 / 180쪽 / 4,000원
**맹자-가까이 있는데 어찌 먼 데서 구하려 하는가**
홍영의 엮음 / 4×6판 / 180쪽 / 4,000원
**아름다운 세상을 만드는 사랑의 메시지 365**
DuMont monte Verlag 엮음 / 정성호 옮김
4×6판 변형 양장본 / 240쪽 / 8,000원
**황금의 법** 오오카와 류우호오 지음 / 민병수 옮김 / 신국판 / 320쪽 / 12,000원
**왜 여자는 바람을 피우는가?**
기젤라 룬테 지음 / 김현성·진정미 옮김 / 국판 / 200쪽 / 7,000원
**세상에서 가장 아름다운 선물** 김인자 지음
엄마가 두 딸에게 주는 인생의 지침서. 같은 여성으로서의 엄마, 친구로서의 엄마, 삶의 등대로서의 엄마가 딸들에게 바라는 점, 두 딸을 키우면서 세운 교육관 등이 솔직하게 담겨 있다. 또한 딸들과 주고받은 편지, 메모는 서로 교감하는 부모와 자녀의 사이를 말해주는 일종의 답안으로 제시되고 있다.
국판변형 / 292쪽 / 9,000원
**수능에 꼭 나오는 한국 단편 33** 윤종필 엮음
수능 시험에 대비하기 위해 중고등학교 시절에 반드시 읽어두어야 할 한국 문학의 대표적인 단편 33선을 엄선하여 수록. 이 책에 수록된 대표 단편들은 청소년기의 간접 경험을 위한 매체, 세대를 초월하는 교류 수단, 삶의 활력소가 되어 줄 것이다. 또한 수능 및 내신, 논술 대비에 많은 도움을 줄 것이다. 신국판 / 704쪽 / 11,000원
**수능에 꼭 나오는 한국 현대 단편 소설** 윤종필 엮음 및 해설
1960~1970년대를 대표하는 단편소설을 엄선하여 수록. 현행 교과과정에 적합한 작품들을 엮어 청소년들의 학습에도 도움이 되도록 하였고, 더불어 소설 작품을 읽음으로써 간접 경험을 할 수 있게 하였으며, 풍부한 상상력을 키워갈 수 있도록 하였다. 각 작품에 대한 요점 정리도 해놓아 학습 효과도 높일 수 있다. 신국판 / 364쪽 / 11,000원
**수능에 꼭 나오는 세계단편(영미권)** 지창영 옮김 / 윤종필 엮음 및 해설
1920~1950년대 단편 소설 분야 최고 작가의 작품만 엄선하여 수록. 미국과 영국의 단편선을 통하여 그 나라의 정신적 가치, 문화적 특징을 접함으로써 정신적인 성장을 할 수 있는 계기가 될 수 있을 것이다.
신국판 / 328쪽 / 10,000원
**수능에 꼭 나오는 세계단편(유럽권)** 지창영 옮김 / 윤종필 엮음 및 해설
1920~1950년대 프랑스, 러시아, 독일의 특색을 온전히 느낄 수 있고 그 나라를 대표할 수 있는 작가의 작품만을 엄선하여 12편을 실은 것이다. 이 작품들은 몇 백 년이 흐른 지금에도 전 세계인들이 애독하고 있는 불후의 명작들에 속한다. 신국판 / 360쪽 / 11,000원

## 건 강

**아름다운 피부미용법** 이순희(한독피부미용학원 원장) 지음
피부조직에 대한 기초 이론과 우리 몸의 생리를 알려줌으로써 아름다운 피부, 젊은 피부를 오래 유지할 수 있는 비결 제시! 신국판 / 296쪽 / 6,000원
**버섯건강요법** 김병각 외 6명 지음
종양 억제율 100%에 가까운 96.7%를 나타내는 기적의 약용버섯 등 신비의 버섯을 통하여 암을 치료하거나 비만, 당뇨, 고혈압, 동맥경화 등 각종 성인병 예방을 위한 생활 건강 지침서! 신국판 / 286쪽 / 8,000원
**성인병과 암을 정복하는 유기게르마늄** 이상현 편저 / 카오 샤오 이 감수
최근 들어 각광을 받고 있는 새로운 치료제인 유기게르마늄을 통한 성인병, 각종 암의 치료에 대해 상세히 소개. 신국판 / 312쪽 / 9,000원
**난치성 피부병** 생명효소연구원 지음
현대의학으로도 치유불가능했던 난치성 피부병인 건선·아토피(태열)의 완치요법이 수록된 건강 지침서. 신국판 / 232쪽 / 7,500원
**新 방약합편** 정도명 편역
자신의 병을 알고 증세에 맞춰 스스로 처방을 할 수 있고 조제할 수 있는 보약 506가지 수록. 신국판 / 416쪽 / 15,000원
**자연치료의학** 오홍근(신경정신과 의학박사·자연의학박사) 지음
대한민국 최초의 자연의학박사가 밝힌 신비의 자연치료의학으로 자연산물을 이용하여 부작용 없이 치료하는 건강 생활 비법 공개!!
신국판 / 472쪽 / 15,000원
**약초의 활용과 가정한방** 이인성 지음
주변의 흔한 식물과 약초를 활용하여 각종 질병을 간편하게 예방·치료할 수 있는 비법제시. 신국판 / 384쪽 / 8,500원
**역전의학** 이시하라 유미 지음 / 유태종 감수
일반상식으로 알고 있는 건강상식에 대해 전혀 새로운 관점에서 비판하고 아울러 새로운 방법들을 제시한 건강 혁명 서적!! 신국판 / 286쪽 / 8,500원
**이순희식 순수피부미용법** 이순희(한독피부미용학원 원장) 지음
자신의 피부에 맞는 관리법으로 스스로 피부관리를 할 수 있는 방법을 제시하고 책 속 부록으로 천연팩 재료 사전과 피부 타입별 팩 고르기.
신국판 / 304쪽 / 7,000원
**21세기 당뇨병 예방과 치료법** 이현철(연세대 의대 내과 교수) 지음
세계 최초 유전자 치료법을 개발한 저자가 당뇨병과 대항하여 가장 확실하게 이길 수 있는 당뇨병에 대한 올바른 이론과 발병시 대처 방법을 상세히 수록! 신국판 / 360쪽 / 9,500원

### 신재용의 **민의학 동의보감** 신재용(해성한의원 원장) 지음
주변의 흔한 먹거리를 이용해 신비의 명약이나 보약으로 활용할 수 있는 건강 지침서로서 저자가 TV나 라디오에서 다 밝히지 못한 한방 및 민간요법까지 상세히 수록!! 신국판 / 476쪽 / 10,000원

### **치매 알면 치매 이긴다** 배오성(백상한방병원 원장) 지음
B.O.S.요법으로 뇌세포의 기능을 활성화시키고 엔돌핀의 분비효과를 극대화시켜 증상에 맞는 한약 처방을 병행하여 치매를 치유하는 획기적인 치유법 제시. 신국판 / 312쪽 / 10,000원

### 21세기 건강혁명 **밥상 위의 보약 생식** 최경순 지음
항암식품으로, 다이어트식으로, 젊고 탄력적인 피부를 유지할 수 있게 해주는 자연식으로의 생식을 소개하여 현대인들의 건강 길라잡이가 되도록 하였다. 신국판 / 348쪽 / 9,800원

### **기치유와 기공수련** 윤한홍(기치유 연구회 회장) 지음
누구나 노력만 하면 개발할 수 있고 활용할 수 있는 기 수련 방법과 기치유 방법 소개. 신국판 / 340쪽 / 12,000원

### 만병의 근원 **스트레스** 원인과 퇴치 김지혁(김지혁한의원 원장) 지음
만병의 근원인 스트레스를 속속들이 파헤치고 예방법까지 속시원하게 제시!! 신국판 / 324쪽 / 9,500원

### 김종성 박사의 **뇌졸중 119** 김종성 지음
우리나라 사망원인 1위, 뇌졸중 분야의 최고 권위자인 저자가 일상생활에서의 건강관리부터 환자간호에 이르기까지 뇌졸중의 예방, 치료법 등 모든 것 수록. 신국판 / 356쪽 / 12,000원

### **탈모 예방과 모발 클리닉** 장정훈·전재홍 지음
미용적인 측면과 우리가 일상적으로 고민하고 궁금해 하는 털에 관한 내용들을 다양하고 재미있게 예를 들어가면서 흥미롭게 풀어낸 것이 이 책의 특징. 신국판 / 252쪽 / 8,000원

### **구태규의 100% 성공 다이어트** 구태규 지음
하이틴 영화배우의 다이어트 체험서. 저자만의 다이어트법을 제시하면서 바람직한 다이어트에 대해서도 알려준다. 건강하게 날씬해지고 싶은 사람들을 위한 필독서! 4×6배판 변형 / 240쪽 / 9,900원

### **암 예방과 치료법** 이춘기 지음
암환자와 가족들을 위해서 암의 치료방법에서부터 합병증의 예방 및 암이 생기기 전에 알 수 있는 방법에 이르기까지 상세히 해설해 놓은 책. 신국판 / 296쪽 / 11,000원

### 알기 쉬운 **위장병 예방과 치료법** 민영일 지음
소화기관인 위와 관련 기관들의 여러 질환을 발병 원인, 증상, 치료법을 중심으로 알기 쉽게 해설해 놓은 건강서. 신국판 / 328쪽 / 9,900원

### **이온 체내혁명** 노보루 야마노이 지음 / 김병관 옮김
새로운 건강관리 이론으로 주목을 받고 있는 음이온을 통해 건강을 돌볼 수 있는 방법 제시. 신국판 / 272쪽 / 9,500원

### **어혈과 사혈요법** 정지천 지음
침과 부항요법 등을 사용하여 모든 질병을 다스릴 수 방법과 우리 주변에서 흔하게 접할 수 있는 각 질병의 상황별 처치를 혈자리 그림과 함께 해설. 신국판 / 308쪽 / 12,000원

### **약손 경락마사지로 건강미인 만들기** 고정환 지음
경락과 민족 고유의 정신 약손을 결합시킨 약손 성형경락 마사지로 수술하지 않고도 자신이 원하는 부위를 고치는 방법을 제시하는 건강 미용서. 4×6배판 변형 / 284쪽 / 15,000원

### 정유정의 **LOVE DIET** 정유정 지음
널리 알려진 온갖 다이어트 방법으로 살을 빼려고 노력했던 저자의 고통스러웠던 다이어트 체험담이 실려 있어 지금 살 때문에 고민하는 사람들이 가슴에 와 닿는 다이어트 계획을 나름대로 세울 수 있을 것이다. 4×6배판 변형 / 196쪽 / 10,500원

### 머리에서 발끝까지 예쁘게 하는 **부분다이어트** 신상만·김선민 지음
한약을 먹거나 침을 맞아 살을 빼는 방법, 아로마법을 이용한 다이어트법, 운동을 이용한 부분비만 해소법 등이 실려 있으며 나에게 맞는 방법을 선택해 날씬하고 예쁜 몸매를 만들 수 있을 것이다. 4×6배판 변형 / 196쪽 / 11,000원

### 알기 쉬운 **심장병 119** 박승정 지음
심장병에 관해 심장질환이 생기는 원인, 증상, 치료법을 중심으로 내용을 상세하게 해설해 놓은 건강서. 신국판 / 248쪽 / 9,000원

### 알기 쉬운 **고혈압 119** 이정균 지음
생활 속의 고혈압에 관해 일반인들이 관심을 가지고 예방할 수 있도록 고혈압의 원인, 증상, 합병증 등을 상세하게 해설해 놓은 건강서. 신국판 / 304쪽 / 10,000원

### 여성을 위한 **부인과질환의 예방과 치료** 차선희 지음
남들에게는 말할 수 없는 증상들로 고민하고 있는 여성들을 위해 부인암, 골다공증, 빈혈 등 부인과질환을 원인 및 치료방법을 중심으로 설명한 여성건강 정보서. 신국판 / 304쪽 / 10,000원

### 알기 쉬운 **아토피 119** 이승규·임승엽·김문호·안유일 지음
감기처럼 흔하지만 암만큼 무서운 아토피 피부염의 원인에서부터 증상, 치료방법, 임상사례, 민간요법을 적용한 환자들의 경험담 등 수록. 신국판 / 232쪽 / 9,500원

### **120세에 도전한다** 이권행 지음
아프지 않고 건강하게 오래 살기를 바라는 현대인들에게 우리 체질에 맞는 식생활습관, 심신 활동, 생활습관, 체질별·나이별 양생법을 소개. 장수하고픈 독자들의 궁금증을 풀어줄 것이다. 신국판 / 308쪽 / 11,000원

### **건강과 아름다움을 만드는 요가** 정판식 지음
책을 보고서 집에서 혼자서도 할 수 있는 요가법 수록. 각종 질병에 따른 요가 수정체조법도 담았으며, 별책 부록으로 한눈에 보는 요가 차트 수록. 4×6배판 변형 / 224쪽 / 14,000원

### **우리 아이 건강하고 아름다운 롱다리 만들기** 김성훈 지음
키 작은 우리 아이를 롱다리로 만드는 비법공개. 식사습관과 생활습관의 변화로도 키를 크게 할 수 있으므로 키 작은 자녀를 둔 부모의 고민을 해결해 준다. 대국전판 / 236쪽 / 10,500원

### 알기 쉬운 **허리디스크 예방과 치료** 이종서 지음
전문가들의 의견, 허리병의 치료에서 가장 중요한 운동치료, 허리디스크와 요통에 관해 언론에서 잘못 소개한 기사나 과장 보도한 기사, 대상이 광범위함으로써 생기고 있는 사이비 의술 및 상업적인 의술을 시행하는 상업적인 병원 등을 소개함으로써 허리병을 앓고 있는 사람들에게 정확하고 올바른 지식을 전달하고자 하는 길라잡이. 대국전판 / 336쪽 / 12,000원

### 소아과 전문의에게 듣는 알기 쉬운 **소아과 119**
신영규·이강우·최성항 지음
새내기 엄마, 아빠를 위해 올바른 육아법을 제시하고 각종 질병에 대한 치료법 및 예방법, 응급처치법을 소개. 4×6배판 변형 / 280쪽 / 14,000원

### **피가 맑아야 건강하게 오래 살 수 있다** 김영찬 지음
현대인이 앓고 있는 고혈압, 당뇨병, 심장병 등은 피가 끈적거리고 혈관이 너덜거려서 생기는 질병이다. 이러한 성인병을 치료하려면 식이요법, 생활습관 개선 등을 통해 피를 맑게 해야 한다. 이 책에서는 피를 맑게 하기 위해 필요한 처방, 생활습관 개선법을 한의학적 관점에서 상세히 설명하고 있다. 신국판 / 256쪽 / 10,000원

### 웰빙형 피부 미인을 만드는 **나만의 셀프 피부건강** 양해원 지음
모든 사람들이 관심 있어 하는 피부 관리를 집에서 할 수 있게 해주는 실용서. 집에서 간단히 만들 수 있는 화장수, 팩을 소개하여 손 안의 미용서 역할을 하고 있다. 대국전판 / 144쪽 / 10,000원

### 내 몸을 살리는 **생활 속의 웰빙 항암 식품** 이승남 지음
'암=사형 선고'라는 고정 관념을 깨자는 전제 아래 우리 밥상에서 흔히 볼 수 있는 먹거리로 암을 예방하며 치료하는 방법 소개. 암환자와 그 가족들에게 희망을 안겨 줄 것이다. 대국전판 / 248쪽 / 9,800원

### **마음한글, 느낌한글** 박완식 지음
훈민정음의 창제원리를 이용한 한글명상, 한글요가, 한글체조로 지금까지의 요가나 명상과는 차원이 다른 더욱 더 효과적인 수련으로 이제 당신 앞에 새로운 세계가 펼쳐진다. 4×6배판 / 300쪽 / 15,000원

### 웰빙 동의보감식 **발마사지 10분** 최미희 지음 / 신재용 감수
발이 병나면 몸에도 병이 생긴다. 우리 몸에서 가장 천대받으면서도 가장 많은 일을 하는 발을 새롭게 인식하는 추세에 맞추어 발을 가꾸어 건강을 지키는 방법 제시. 각 질병별 발마사지 방법, 부위를 구체적으로 설명하고 있다. 텔레비전을 보면서 하는 15분의 발마사지가 피로를 풀어주고 건강을 지켜줄 것이다. 4×6배판 변형 / 204쪽 / 13,000원

### 아름다운 몸, 건강한 몸을 위한 **목욕 건강 30분** 임하성 지음
우리가 흔히 대수롭지 않게 여기고 흔히 하는 습관 중에 하나가 목욕일 것이다. 그러나 이제 목욕도 건강과 관련시켜 올바른 방법으로 해야 한다. 웰빙 시대, 웰빙 라이프에 맞는 올바른 목욕법을 피부 관리 및 우리들의 생활 패턴에 맞추어 제시해 본다. 대국전판 / 176쪽 / 9,500원

### 내가 만드는 **한방생주스 60** 김영섭 지음
일반적인 과일·야채 주스에 21가지 한약재로 기본 음료를 만들어 맛과 영양을 고루 갖춘 최초의 웰빙 한방 건강음료 만드는 법 60가지 수록!! 각 음

료마다 만드는 법과 효능을 실어 우리 가족 건강을 지키는 건강지침서의 역할을 한다.  국판 / 112쪽 / 7,000원

**몸을 살리는 건강식품**  백은희 · 조창호 · 최양진 지음
스트레스에 시달리는 현대인들에게 자연 영양소를 공급해 주는 건강기능식품에 관한 상세한 정보를 담고 있다. 나에게 필요한 영양소는 어떤 것이 있으며, 어떻게 섭취했을 때 가장 큰 효과를 얻을 수 있는지 등을 조목조목 설명해 놓은 것이 눈에 띤다. 신국판 / 384쪽 / 11,000원

**건강도 키우고 성적도 올리는 자녀 건강**  김진돈 지음
자녀를 둔 부모라면 가장 먼저 생각하는 것이 자녀의 건강일 것이다. 특히 수험생을 둔 부모라면 그 관심은 말로 단정지을 수 없다. 수험생 자신이나 부모가 알아야 할 평소 건강 관리법, 제일 이겨내기 힘든 계절인 여름철 건강 관리법, 조심해야 할 질병들에 대해 예방법, 치료법 상세하게 소개하고 있다.  신국판 / 304쪽 / 12,000원

**알기 쉬운 간질환 119**  이관식 지음
간염이 있는 사람이 술잔을 돌릴 경우 간염이 전염될까? 우리는 간이 소중한 존재임을 알면서도 혹사시키는 일이 많다. 간염 전염 및 간경화, 간암 등에 대한 잘못된 지식을 제대로 잡아주고 간과 관련된 병을 예방하는 법, 병에 걸렸을 때 치료하고 관리하는 법 등을 상세히 수록하여 간을 건강하게 지킬 수 있도록 해준다.  신국판 / 264쪽 / 11,000원

**밥으로 병을 고친다**  허봉수 지음
우리가 하루 세 끼 식사에서 대하는 밥상이 우리의 건강을 지켜주는 최고의 건강지킴이다. 이 간단 명료한 진리를 알면서도 우리는 다른 방법으로 건강을 지키려고 한다. 건강을 지키는 일은 어렵고 특별한 일이 아니라 보통의 밥상에서 지킬 수 있는 일임을 강조하고 거기에 맞는 실제 사례를 제시하여 비슷한 사례에서 응용할 수 있게 내용을 구성하고 있다.
대국전판 / 352쪽 / 13,500원

**알기 쉬운 신장병 119**  김형규 지음
신장병은 특별한 증상이 없어 조기진단이 힘들다고 한다. 그러나 진단과 치료의 혜택으로 완치를 할 수 있는 병이라고도 한다. 일상생활 속에서 신장병을 파악할 수 있는 자가진단법, 신장병을 검사하고 치료하는 방법, 신장병과 관련 있는 질병들을 일반인들이 이해하기 수준에서 설명하고 있다. 또한 신장병과 관련 있는 생활 속의 정보를 부록으로 수록하여 내용의 깊이를 더해 주고 있다.  신국판 / 240쪽 / 10,000원

**마음의 감기 치료법 우울증 119**  이민수 지음
우울증에는 예외의 대상이 없다. 현대인이라면 누구나 우울증에 걸릴 수 있다는 전제 아래 일반인들이 쉽게 이해할 수 있는 우울증을 담고 있다. 남에게, 가족에게 숨겨야 하는 몹쓸 병이 아니라 바르고 정확하게 알아야 건강한 삶을 누릴 수 있는 병임을 알리면서 우울증을 치료하는 법, 환자 본인과 가족 및 주위에서 가져야 할 자세 등을 알려준다.  대국전판 / 232쪽 / 9,800원

**관절염 119**  송영욱 지음
"비가 오려나? 왜 이리 무릎이 쑤시나." 이렇게 표현되는 관절염에는 일반인들이 잘 알지 못하는 다른 종류의 관절염도 있다. 이러한 관절염을 일반인들의 입장에서 쉽게 이해하고 예방하고 치료할 수 있는 방법을 소개하고 있다. 생활 속에서의 습관을 고치고 운동을 통해서 허리나 다리가 아픈 통증에서 벗어날 수 있다.  대국전판 / 224쪽 / 9,800원

**내 딸을 위한 미성년 클리닉**  강병문 · 이향아 · 최정원 지음
서울 아산병원 미성년 클리닉팀의 새로운 제안!! 청소년기의 건강상태는 평생을 좌우한다. 이 시기를 어떻게 보내느냐에 따라 60년 인생이 완전히 달라질 수 있다. 특히 여자라면 꼭 알아야할 건강 이야기로 자라나는 우리 딸들이 자신의 몸을 소중히 하는데 도움이 될 것이다.  국판 / 148쪽 / 8,000원

**암을 다스리는 기적의 치유법**
케이 세이헤이 감수 / 카와키 나리카즈 지음 / 민병수 옮김
저분자 수용성 키토산의 파워!! 항암제나 방사선 치료의 부작용을 경감시키고 그 효과를 오래 지속시켜주는 효과에 비롯한 키토산의 6대 항암 효과를 통하여 암에 탁월한 효과가 있는 수용성 키토산의 전신 면역 요법에 대하여 알 수 있을 것이다. 더불어 자연치유력에 대한 강한 믿음을 갖게 된다.
신국판 / 256쪽 / 9,000원

**스트레스 다스리기**
대한불안장애학회 스트레스관리연구특별위원회 지음
스트레스 분야의 21명의 전문가가 쓴 스트레스 해소법. 암보다 무서운 병, 스트레스를 줄이면 10년은 젊게 살 수 있다.  신국판 / 304쪽 / 12,000원

**천연 식초 건강법**
건강식품연구회 엮음 / 신재용(해성한의원 원장) 감수
가장 쉽게 구할 수 있고 경제적인 식품이면서 상상할 수 없을 정도로 뛰어난 약효를 지닌 식초의 모든 것을 담은 건강지침서!  신국판 / 252쪽 / 9,000원

**암에 대한 모든 것**  서울아산병원 암센터 지음
이 책은 우리나라에서 특히 발병률이 높은 7가지 암에 대해 철저히 분석한 책이다. 해당 암의 원인부터 발병률, 원인 및 진단법, 치료법, 예방법 및 관리법, 해당 암에 대해 잘못 알려진 상식 등 암에 대한 보다 실질적이고 구체적인 정보를 담았다. 암에 대한 정보를 필요로 이들이 보다 효율적으로 이용할 수 있는 책이다.  신국판 / 360쪽 / 13,000원

**알록달록 컬러 다이어트**  이승남 지음
이 시대의 트렌드인 웰빙 열풍 가운데 컬러 푸드가 커다란 아이템으로 자리잡고 있다. 이 책에서는 다이어트 시에 생기는 스트레스와, 스트레스로 인한 활성산소, 다이어트로 인한 영양불균형 등을 컬러 푸드를 이용하여 우리 몸을 젊고 건강하고 아름답게 가꾸는 방법을 상세히 제시하여 주고 있다. 또한 비만이 아닌 체형교정을 원하는 분들에게는 올바른 운동법과 마사지요법을 통하여 문제를 해결할 수 있도록 길을 열어준다. 국판 / 248쪽 / 10,000원

## 교 육

**우리 교육의 창조적 백색혁명**
원상기 지음 / 신국판 / 206쪽 / 6,000원

**현대생활과 체육**  조창남 외 5명 공저 / 신국판 / 340쪽 / 10,000원

**퍼펙트 MBA**  IAE유학네트 지음 / 신국판 / 400쪽 / 12,000원

**유학길라잡이 Ⅰ - 미국편**
IAE유학네트 지음 / 4×6배판 / 372쪽 / 13,900원

**유학길라잡이 Ⅱ - 4개국편**
IAE유학네트 지음 / 4×6배판 / 348쪽 / 13,900원

**조기유학길라잡이.com**  IAE유학네트 지음 / 4×6배판 / 428쪽 / 15,000원

**현대인의 건강생활**  박상호 외 5명 공저 / 4×6배판 / 268쪽 / 15,000원

**천재아이로 키우는 두뇌훈련**
나카마츠 요시로 지음 / 민병수 옮김
머리가 좋은 아이로 키우기 위한 환경 만들기, 식사, 운동 등 연령별 두뇌 훈련법 소개. 국판 / 288쪽 / 9,500원

**두뇌혁명**  나카마츠 요시로 지음 / 민병수 옮김
『뇌내혁명』 하루야마 시게오의 추천작!! 어른들을 위한 두뇌 개발서로, 풍요로운 인생을 만들기 위한 '뇌'와 '몸' 자극법 제시.
4×6판 양장본 / 288쪽 / 12,000원

**테마별 고사성어로 익히는 한자**
김경익 지음 / 4×6배판 변형 / 248쪽 / 9,800원

**生生 공부비법**  이은승 지음
국내 최초 수학과외 수출의 주인공 이은승이 개발한 자기만의 맞춤식 공부학습법 소개. 공부도 하는 법을 알면 목표를 달성할 수 있다고 용기를 북돋아 주는 실전 공부 비법서.  대국전판 / 272쪽 / 9,500원

**자녀를 성공시키는 습관만들기**  배은경 지음
성공하는 자녀를 꿈꾸는 부모들이 알아야 할 자녀 교육법 소개. 부모는 자녀 인생의 주연이 아님을 알아야 하며 부모의 좋은 습관, 건전한 생각이 자녀의 성공 인생을 가져온다는 내용을 담은 부모 및 자녀 모두를 위한 자기 계발서.
대국전판 / 232쪽 / 9,500원

**한자능력검정시험 1급**  한자능력검정시험연구위원회 편저
한자능력검정시험의 최상급인 1급 대비서. 2~8급 배정한자(2355자)를 포함하는 1급 배정한자 3500자에 관한 유래, 활용 예, 사자성어, 예상문제 등을 완벽 수록하여 시험에 만전을 기할 수 있게 하였다. 또한 쓰기 배정한자 2005자에 대한 부록도 수록하여 읽기와 쓰기 한자 익힘이 완벽히 이루어지도록 하였다.  4×6배판 / 568쪽 / 21,000원

**한자능력검정시험 2급**  한자능력검정시험연구위원회 편저
국어사전식 단어 배열, 내용을 쉽게 이해할 수 있도록 도와주는 일러스트, 기출 문제의 완전 분석을 바탕으로 한 예상 문제 수록 등 한자능력검정시험 2급을 준비하는 사람들을 위한 완벽 대비서.  4×6배판 / 472쪽 / 18,000원

### 한자능력검정시험 3급(3급II)  한자능력검정시험연구위원회 편저
4급 한자를 포함한 3급·3급II 배정한자 1817자 각 한자에 대한 어원 및 용례를 수록하였다. 각 한자의 배열은 가, 나, 다…의 국어사전식 배열을 채택하여 음만 알아도 한자를 쉽게 찾을 수 있게 하였다. 또한 한자의 이해를 돕는 일러스트, 3급·3급II를 포함한 실생활에 응용할 수 있는 생활 한자 코너를 배정하여 학습의 깊이를 더해주고 있다. 끝으로 기출문제 분석에 맞춘 예상문제와 쓰기 배정 한자를 실어 3급·3급II 한자 학습을 완전하게 익힐 수 있게 하였다.  4×6배판/440쪽/17,000원

### 한자능력검정시험 4급(4급II)  한자능력검정시험연구위원회 편저
국어사전식 단어 배열, 4급 한자 1000자 필순 수록, 생활에서 활용할 수 있는 활용 한자 요점정리, 생활 속에서 자주 쓰이는 약자, 한자의 이해를 돕기 위한 일러스트와 유래 설명, 4급 한자 1000자를 활용한 한자 심화 학습, 기출 문제를 완전 분석한 후 그에 따라 엄선한 예상문제 수록 등 4급 한자 익히기와 시험에 대비하는 모든 사람들을 위한 완벽 대비서.
4×6배판/352쪽/15,000원

### 한자능력검정시험 5급  한자능력검정시험연구위원회 편저
국어사전식 단어 배열, 5급 한자 500자 따라 쓰기, 생활에서 활용할 수 있는 활용 한자 요점정리, 생활 속에서 자주 쓰이는 약자, 한자의 이해를 돕기 위한 일러스트와 유래 설명, 기출 문제를 완전 분석한 후 그에 따라 엄선한 예상문제 수록 등 5급 한자 익히기와 시험에 대비하는 모든 사람들을 위한 완벽 대비서.  4×6배판/264쪽/11,000원

### 한자능력검정시험 6급  한자능력검정시험연구위원회 편저
국어사전식 단어 배열, 6급 한자 300자 따라 쓰기, 생활에서 활용할 수 있는 활용 한자 요점정리, 한자의 이해를 돕기 위한 일러스트와 유래 설명, 기출문제를 완전 분석한 후 그에 따라 엄선한 예상문제 수록 등 6급 한자 익히기와 시험에 대비하는 모든 사람들을 위한 완벽 대비서.
4×6배판/168쪽/8,500원

### 한자능력검정시험 7급  한자능력검정시험연구위원회 편저
국어사전식 단어 배열, 각 한자 배우기에 도움이 되는 일러스트와 한자의 구성 원리를 설명해 놓아 한자 배우기가 재미있고 쉽다. 또한 따라쓰기를 통해 한자 익히기를 완전하게 끝낼 수 있도록 하였으며 활용 예문을 다양하게 예시해 놓았다.  4×6배판/152쪽/7,000원

### 한자능력검정시험 8급  한자능력검정시험연구위원회 편저
8급 한자 50자에 대해 각 한자 배우기에 도움이 되는 일러스트와 한자의 구성 원리를 설명해 놓아 한자 배우기가 재미있고 쉽다. 또한 따라쓰기를 통해 기본 한자 익히기를 완전하게 끝낼 수 있도록 하였으며 기본 50개의 한자를 활용한 예문을 다양하게 예시해 놓았다.  4×6배판/112쪽/6,000원

### 볼링의 이론과 실기  이택상 지음 / 신국판 / 192쪽 / 9,000원

### 고사성어로 끝내는 천자문  조준상 글/그림
고사성어에 얽힌 일화를 재미있는 만화로 엮어, 만화를 보면서 고사성어도 익힐 수 있는 일석이조의 만화 학습서이다. 특히 국가공인 한자능력검정시험 4급에 나오는 한자를 수록하고 있어 자격증을 준비하는 데에 도움을 줄 뿐만 아니라 실생활에 응용할 수 있는 생활한자가 수록되어 있어 교양을 넓히는 데에도 많은 도움이 될 것이다.  4×6배판/216쪽/12,000원

### 내 아이 스타 만들기  김민성 지음
이 책은 평범한 가정에서 태어난 초등학생 영양이가 자신의 재능을 발견해 가는 과정과 그것을 지켜보는 부모님을 통하여 현대의 많은 부모님이 자신의 자녀들에게 어떤 교육방식과 마음가짐으로 아이의 뒷바라지를 해줘야 할지 그 방향을 제시해주고 있다.  신국판/200쪽/9,000원

## 취미·실용

### 김진국과 같이 배우는 와인의 세계  김진국 지음
포도주 역사에서 분류, 원료 포도의 종류와 재배, 양조·숙성·저장, 시음법, 어울리는 요리와 와인의 유통과 소비, 와인 시장의 현황과 전망, 와인 판매 요령, 와인의 보관과 재고의 회전, '와인 양조 비밀의 모든 것'을 동영상으로 담은 CD까지, 와인의 모든 것이 담긴 종합학습서.
국배판 변형양장본(올 컬러판) / 208쪽 / 30,000원

## 경제·경영

### CEO가 될 수 있는 성공법칙 101가지
김승룡 편역 / 신국판 / 320쪽 / 9,500원

### 정보소프트  김승룡 지음 / 신국판 / 324쪽 / 6,000원

### 기획대사전  다카하시 겐코 지음 / 홍영의 옮김
기획에 관련된 모든 사항을 실례와 도표를 통하여 초보자에서 프로기획맨에 이르기까지 효율적으로 활용할 수 있도록 체계적으로 총망라하였다.
신국판/552쪽/19,500원

### 맨손창업·맞춤창업 BEST 74  양혜숙 지음
창업대행 현장 전문가가 추천하는 유망업종을 7가지 주제별로 나누어 수록한 맞춤창업서로 창업예비자들에게 창업의 길을 밝혀줄 발로 뛰면서 만든 실무 지침서!!  신국판/416쪽/12,000원

### 무자본, 무점포 창업! FAX 한 대면 성공한다
다카시로 고시 지음 / 홍영의 옮김 / 신국판 / 226쪽 / 7,500원

### 성공하는 기업의 인간경영  중소기업 노무 연구회 편저 / 홍영의 옮김
무한경쟁시대에서 각 기업들의 다양한 경영 실태 속에서 인사·노무 관리 개선에 있어서 기업의 효율을 높이고 발전을 이룰 수 있는 원칙을 제시다.
신국판/368쪽/11,000원

### 21세기 IT가 세계를 지배한다  김광희 지음
21세기 화두로 떠오른 IT혁명의 경쟁력에 대해서 전문가의 논리적이고 철저한 해설과 더불어 매장 끝까지 실제 사례를 곁들여 설명.
신국판/380쪽/12,000원

### 경제기사로 부자아빠 만들기  김기태·신현태·박근수 공저
날마다 배달되는 경제기사를 꼼꼼히 챙겨보는 사람만이 현대생활에서 부자가 될 수 있다. 언론인의 현장감각과 학자의 전문성을 접목시킨 것이 이 책의 특성! 누구나 이 책을 읽고 경제원리를 체득, 경제예측을 할 수 있게 준비된 생활경제서적.  신국판/388쪽/12,000원

### 포스트 PC의 주역 정보가전과 무선인터넷  김광희 지음
포스트 PC의 주역으로 급부상하고 있는 정보가전과 무선인터넷 그리고 이를 구현하기 위한 관련 테크놀러지를 체계적으로 소개한다.
신국판/356쪽/12,000원

### 성공하는 사람들의 마케팅 바이블  채수명 지음
최근의 이론을 보완하여 내놓은 마케팅 관련 실무서. 마케팅의 정보전략, 핵심요소, 컨설팅실무까지 저자의 노하우와 창의적인 이론이 결합된 마케팅서.
신국판/328쪽/12,000원

### 느린 비즈니스로 돌아가라  사카모토 게이이치 지음 / 정성호 옮김
미국식 스피드 경영에 익숙해져 현실의 오류를 간과하고 있는 사람들을 위해 어떻게 팔 것인가보다 무엇을 팔 것인가를 설명하는 마케팅 컨설턴트의 대안 제시서!  신국판/276쪽/9,000원

### 적은 돈으로 큰돈 벌 수 있는 부동산 재테크  이원재 지음
700만 원으로 부동산 재테크에 뛰어들어 100배 불린 저자가 부동산 재테크를 계획하고 있는 사람이라면 반드시 알아두어야 할 내용을 경험담을 담아 해설해 놓은 경제서.  신국판/340쪽/12,000원

### 바이오혁명  이주영 지음
21세기 국가간 경쟁부문으로 새로이 떠오르고 있는 바이오혁명에 관한 기초지식을 언론사에 몸담고 있는 현직 기자가 아주 쉽게 해설해 놓은 바이오 가이드서. 바이오 관련 용어 해설 수록.  신국판/328쪽/12,000원

### 성공하는 사람들의 자기혁신 경영기술  채수명 지음
자기 계발을 통한 신지식 자기경영마인드를 갖추어야 한다는 전제 아래 그 방법을 자세하게 알려주는 자기계발 지침서.  신국판/344쪽/12,000원

### CFO  교텐 토요오·타하라 오키시 지음 / 민병수 옮김
일반인들에게 생소한 용어인 CFO, 즉 최고 재무책임자의 역할이 지금까지와는 완전히 달라져야 한다. 기업을 이끌어가는 새로운 키잡이로서의 CFO 역할, 위상 등을 일본의 기업을 중심으로 하여 알아보고 바람직한 방향을 제시한다.  신국판/312쪽/12,000원

### 네트워크시대 네트워크마케팅  임동학 지음
학력, 사회적 지위 등에 관계없이 자신이 노력한 만큼 돈을 벌 수 있는 네트워크마케팅에 관해 알려주는 안내서.  신국판/376쪽/12,000원

### 성공리더의 7가지 조건
다이앤 트레이시·윌리엄 모건 지음 / 지창영 옮김
개인과 팀, 조직관계의 개선을 위한 방향제시 및 실천을 위한 안내자 역할을 해주는 책. 현장에서 활용할 수 있는 실용서. 신국판 / 360쪽 / 13,000원

### 김종결의 성공창업
김종결 지음
'누구나 창업을 할 수는 있지만 아무나 돈을 버는 것은 아니다' 라는 전제 아래 중견 연기자로서, 음식점 사장님으로 성공한 탤런트 김종결의 성공비결을 통해 창업전략과 성공전략을 제시한다. 신국판 / 340쪽 / 12,000원

### 최적의 타이밍에 내 집 마련하는 기술
이원재 지음
부동산을 통한 재테크의 첫걸음 '내 집 마련'의 결정판. 체계적이고 한눈에 쏙 들어오는 '내 집 장만 과정'을 쉽게 풀어놓은 부동산재테크서.
신국판 / 248쪽 / 10,500원

### 컨설팅 세일즈 Consulting sales
임동학 지음
발로 뛰는 영업이 아니라 머리로 하는 영업이 절실히 요구되는 시대 상황에 맞추어 고객지향의 세일즈, 과제해결 세일즈, 구매자와 공급자 간에 서로 만족하는 세일즈법 제시. 대luxe전판 / 336쪽 / 13,000원

### 연봉 10억 만들기
김농주 지음
연봉으로 말해지는 임금을 재테크 하여 부자가 될 수 있는 방법 제시. 고액의 연봉을 받기 위해서 개인이 갖추어야 할 실무적 능력, 태도, 마음가짐, 재테크 수단 등을 각 주제에 따라 구체적으로 제시함으로써 부자를 꿈꾸는 사람들이 그 희망을 이룰 수 있게 해준다. 국판 / 216쪽 / 10,000원

### 주5일제 근무에 따른 한국형 주말창업
최효진 지음
우리나라 실정에 맞는 주말창업 아이템의 제시 및 창업시 필요한 정보를 얻을 수 있는 곳, 주의해야 할 점, 실전 인터넷 쇼핑몰 창업, 표준사업계획서 등을 수록하여 지금 당장이라도 내 사업을 할 수 있게 해주는 창업 길라잡이서.
신국판 변형 양장본 / 216쪽 / 10,000원

### 돈 되는 땅 돈 안되는 땅
김영준 지음
부동산 틈새시장에서 성공하는 투자 노하우를 신행정수도 예정지 및 고속철도 역세권 등 투자 유망지역을 중심으로 완벽하게 수록해 놓은 부동산 재테크서. 신국판 / 320쪽 / 13,000원

### 돈 버는 회사로 만들 수 있는 109가지
다카하시 도시노리 지음 / 민병수 옮김
회사경영에서 경영자가 꼭 알아야 할 기본 사항 수록. 내용이 항목별로 정리되어 원하는 자료를 바로 찾아 볼 수 있는 것이 최대의 장점. 이 책을 통해서 불필요한 군살을 빼고 강한 근육질을 가진 돈 버는 회사를 만들어 보자.
신국판 / 344쪽 / 13,000원

### 프로는 디테일에 강하다
김미현 지음
탄탄하게 자리를 잡은 15군데 중소기업의 여성 CEO들이 회사를 운영하면서 겪은 어려움, 기쁨 등을 자서전 형식을 빌어 솔직 담백하게 얘기했다. 예비 창업자들을 위한 조언, 경영 철학, 성공 요인도 담고 있어 창업을 준비하는 사람들에게 도움이 될 것이다. 신국판 / 248쪽 / 9,000원

### 머니투데이 송복규 기자의 부동산으로 주머니돈 100배 만들기
송복규 지음
재테크 수단으로 새롭게 각광 받고 있는 부동산을 이용한 재산 증식 방법 수록. 부동산 재료별 특성에 따른 맞춤 투자전략을 제시하고 알아두면 편리한 부동산 상식도 알려준다. 현직 전문 기자의 예리한 분석과 최신 정보가 담겨 있는 부동산재테크 가이드서. 신국판 / 328쪽 / 13,000원

### 성공하는 슈퍼마켓&편의점 창업
나명환 지음
슈퍼마켓이나 편의점을 창업하려고 하는 사람들을 위한 창업 가이드서. 어느 위치에 얼마만한 크기로, 어떤 상품을 갖추고 어떤 마인드로 창업하고 영업해야 대형할인점과의 경쟁에서 살아남을 수 있는지 등을 저자의 실제 경험과 통계, 전문가들의 의견을 바탕으로 상세하게 소개한다.
4×6배판 변형 / 500쪽 / 28,000원

### 대한민국 성공 재테크 부동산 펀드와 리츠로 승부하라
김영준 지음
새로운 재테크 수단으로 세간의 관심을 모으고 있는 부동산 펀드와 리츠에 관한 투자 안내서. 리스크 없이 투자에 성공하기 위해서 알아두어야 할 주의사항, 펀드 및 리츠 관련 상품 설명, 실제로 투자되고 있는 물건을 수록하여 책을 통해서 실전 투자감각을 익힐 수 있게 하였다. 신국판 / 256쪽 / 12,000원

### 마일리지 200% 활용하기
박성희 지음
우리 주변에는 마일리지와 관련 있는 다양한 카드가 있다. 신용카드로부터 시작하여 이동통신사의 멤버십 카드, 캐시백 카드, 각 업소의 스탬프 카드 등 다양한 종류의 카드가 각기 특성을 가지고 우리 생활 속에서 이용되고 있다. 잘 알고 활용하면 개인의 주머니 경제, 가계의 살림에 보탬이 되는 각종 마일리지에 관한 최신 정보를 한 권에 모아 놓았다. 이 책의 내용을 잘 활용하면 새는 돈을 알뜰살뜰 모으는 길이 보일 것이다. 국판 변형 / 200쪽 / 8,000원

### 1%의 가능성에 도전, 성공 신화를 이룬 여성 CEO
김미현 지음
탄탄하게 자리를 잡은 15군데 중소기업의 여성 CEO들이 회사를 운영하면서 겪은 어려움, 기쁨 등을 자서전 형식을 빌어 솔직 담백하게 얘기했다. 예비 창업자들을 위한 조언, 경영 철학, 성공 요인도 담고 있어 창업을 준비하는 사람들에게 도움이 될 것이다. 신국판 / 248쪽 / 9,500원

### 3천만원으로 부동산 재벌 되기
최수길·이숙·조연희 지음
전세에 머물고 있는 일반 서민들에게 가정의 보금자리인 내 집 마련의 길을 안내하고 소액자금을 가지고 투자할 수 있는 알짜 재테크 정보를 소개한다. 신국판 / 290쪽 / 12,000원

### 10년을 앞설 수 있는 재테크
노동규 지음
이 책은 돈이 모아지는 기본적인 구조를 설명하여 우리들의 평범한 삶에 영향을 끼치는 머니 시스템에 대해 알려주고 있다. 때문에 이제 막 재테크를 시작하는 2, 30대 직장인을 비롯한 주부들에게 바람직한 재테크 실천전략을 제시하는 책이라 할 수 있다. 신국판 / 260쪽 / 10,000원

## 주식

### 개미군단 대박맞이 주식투자
홍성걸(한양증권 투자분석팀 팀장) 지음 / 신국판 / 310쪽 / 9,500원

### 알고 하자! 돈 되는 주식투자
이길영 외 2명 공저 / 신국판 / 388쪽 / 12,500원

### 항상 당하기만 하는 개미들의 매도·매수타이밍 999% 적중 노하우
강경무 지음 / 신국판 / 336쪽 / 12,000원

### 부자 만들기 주식성공클리닉
이창희 지음 / 신국판 / 372쪽 / 11,500원

### 선물·옵션 이론과 실전매매
이창희 지음 / 신국판 / 372쪽 / 12,000원

### 너무나 쉬워 재미있는 주가차트
홍성무 지음 / 4×6배판 / 216쪽 / 15,000원

### 주식투자 직접 투자로 높은 수익을 올릴 수 있는 비결
저금리·고령화 시대를 대비한 개인자산관리의 확실한 방법을 제시한 책이다. 미국뿐만 아니라 일본, 중국, 홍콩, 대만, 브라질 등의 주식 시장의 철저한 분석과 데이터화를 통해 한국 주식 시장에 맞는 가치주를 발굴하고 투자할 수 있는 확실한 성공 전략을 제시한다.
김학균 지음 / 신국판 / 230쪽 / 11,000원

## 역학

### 역리종합 만세력
정도명 편저 / 신국판 / 532쪽 / 10,500원

### 작명대전
정보국 지음 / 신국판 / 460쪽 / 12,000원

### 하락이수 해설
이천교 편저 / 신국판 / 620쪽 / 27,000원

### 현대인의 창조적 관상과 수상
백운산 지음 / 신국판 / 344쪽 / 9,000원

### 대운용신영부적
정재원 지음 / 신국판 양장본 / 750쪽 / 39,000원

### 사주비결활용법
이세진 지음 / 신국판 / 392쪽 / 12,000원

### 컴퓨터세대를 위한 新 성명학대전
박용찬 지음 / 신국판 / 388쪽 / 11,000원

### 길흉화복 꿈풀이 비법
백운산 지음 / 신국판 / 410쪽 / 12,000원

### 새천년 작명컨설팅
정재원 지음 / 신국판 / 492쪽 / 13,900원

### 백운산의 신세대 궁합
백운산 지음 / 신국판 / 304쪽 / 9,500원

### 동자삼 작명학
남시모 지음 / 신국판 / 496쪽 / 15,000원

### 구성학의 기초
문길여 지음 / 신국판 / 412쪽 / 12,000원

## 법률 일반

**여성을 위한 성범죄 법률상식**
조명원(변호사) 지음/ 신국판/ 248쪽/ 8,000원

**아파트 난방비 75% 절감방법**
고영근 지음 / 신국판/ 238쪽/ 8,000원

**일반인이 꼭 알아야 할 절세전략 173선**
최성호(공인회계사) 지음 / 신국판 / 392쪽 / 12,000원

**변호사와 함께하는 부동산 경매**
최환주(변호사) 지음 / 신국판 / 404쪽 / 13,000원

**혼자서 쉽고 빠르게 할 수 있는 소액재판**
김재용·김종철 공저 / 신국판 / 312쪽 / 9,500원

**"술 한 잔 사겠다"는 말에서 찾아보는 채권·채무**
변환철(변호사) 지음 / 신국판 / 408쪽 / 13,000원

**알기쉬운 부동산 세무 길라잡이**
이건우(세무서 재산계장) 지음 / 신국판 / 400쪽 / 13,000원

**알기쉬운 어음, 수표 길라잡이**
변환철(변호사) 지음 / 신국판 / 328쪽 / 11,000원

**제조물책임법**
강동근(변호사)·윤종성(검사) 공저 / 신국판 / 368쪽 / 13,000원

**알기 쉬운 주5일근무에 따른 임금·연봉제 실무**
문강분(공인노무사) 지음 / 4×6배판 변형 / 544쪽 / 35,000원

**변호사 없이 당당하게 이길 수 있는 형사소송** 김대환 지음
우리 생활과 함께 숨쉬는 형사법 서식을 구체적인 사례와 함께 소개. 내 손으로 간결하고 명확한 고소장·항소장·상고장 등 형사소송서식을 작성할 수 있다. 형사소송 관련 서식 CD 수록. 신국판 / 304쪽 / 13,000원

**변호사 없이 당당하게 이길 수 있는 민사소송** 김대환 지음
민사, 호적과 가사를 포함한 생활과 밀접한 관련이 있는 생활법률 전반을 보통 사람들이 가장 궁금해하는 내용을 위주로 하여 사례를 들어가며 아주 쉽게 풀어놓은 민사 실무서. 신국판 / 412쪽 / 14,500원

**혼자서 해결할 수 있는 교통사고 Q&A** 조명원(변호사) 지음
현실에서 본인이 아무리 원하지 않더라도 운명처럼 누구에게나 닥칠 수 있는 교통사고 문제를 사례, 각급 법원의 주요 판례와 함께 정리하여 일반인들도 쉽게 이해할 수 있도록 내용 구성. 신국판 / 336쪽 / 12,000원

**알기 쉬운 개인파산 신청법** 최재구(법무사) 지음
이 책은 본의아니게 과중채무로 고통받고 있는 사람들을 위해 쓰여진 책이다. 이 책에서는 현재 시행되고 있는 개인 워크아웃제도와 배드뱅크제도에 대해서도 상세히 소개하고 있다. 또한 이 제도를 신청하는 방법에 대해서 상세히 설명하고 있다. 신국판 / 352쪽 / 13,000원

## 생활법률

**부동산 생활법률의 기본지식**
대한법률연구회 지음 / 김원중(변호사) 감수 / 신국판 / 480쪽 / 12,000원

**고소장·내용증명 생활법률의 기본지식**
하태웅(변호사) 지음 / 신국판 / 440쪽 / 12,000원

**노동 관련 생활법률의 기본지식**
남동희(공인노무사) 지음 / 신국판 / 528쪽 / 14,000원

**외국인 근로자 생활법률의 기본지식**
남동희(공인노무사) 지음 / 신국판 / 400쪽 / 12,000원

**계약작성 생활법률의 기본지식**
이상도(변호사) 지음 / 신국판 / 560쪽 / 14,500원

**지적재산 생활법률의 기본지식**
이상도(변호사)·조의제(변리사) 공저 / 신국판 / 496쪽 / 14,000원

**부당노동행위와 부당해고 생활법률의 기본지식**
박영수(공인노무사) 지음 / 신국판 / 432쪽 / 14,000원

**주택·상가임대차 생활법률의 기본지식**
김운용(변호사) 지음 / 신국판 / 480쪽 / 14,000원

**하도급거래 생활법률의 기본지식**
김진홍(변호사) 지음 / 신국판 / 440쪽 / 14,000원

**이혼소송과 재산분할 생활법률의 기본지식**
박동섭(변호사) 지음 / 신국판 / 460쪽 / 14,000원

**부동산등기 생활법률의 기본지식**
정상태(법무사) 지음 / 신국판 / 456쪽 / 14,000원

**기업경영 생활법률의 기본지식**
안동섭(단국대 교수) 지음 / 신국판 / 466쪽 / 14,000원

**교통사고 생활법률의 기본지식**
박정무(변호사)·전병찬 공저 / 신국판 / 480쪽 / 14,000원

**소송서식 생활법률의 기본지식**
김대환 지음 / 신국판 / 480쪽 / 14,000원

**호적·가사소송 생활법률의 기본지식**
정주수(법무사) 지음 / 신국판 / 516쪽 / 14,000원

**상속과 세금 생활법률의 기본지식**
박동섭(변호사) 지음 / 신국판 / 480쪽 / 14,000원

**담보·보증 생활법률의 기본지식**
류창호(법학박사) 지음 / 신국판 / 436쪽 / 14,000원

**소비자보호 생활법률의 기본지식**
김성천(법학박사) 지음 / 신국판 / 504쪽 / 15,000원

**판결·공정증서 생활법률의 기본지식**
정상태(법무사) 지음 / 신국판 / 312쪽 / 13,000원

## 처세

**성공적인 삶을 추구하는 여성들에게 우먼파워**
조안 커너·모이라 레이너 공저 / 지창영 옮김
사회의 여성을 향한 냉대와 편견의 벽을 깨뜨리고 성공적인 삶을 이루려는 여성들이 갖추어야 할 자세 및 삶의 이정표 제시!! 신국판 / 352쪽 / 8,800원

**聽 이익이 되는 말 話 손해가 되는 말** 우메시마 미요 지음 / 정성호 옮김
직장이나 집안에서 언제나 주고받는 일상의 화제를 모아 실음으로써 대화의 참의미를 깨닫고 비즈니스를 성공적으로 이끌기 위한 대화술을 키우는 방법 제시!! 신국판 / 304쪽 / 9,000원

**성공하는 사람들의 화술테크닉** 민영욱 지음
개인간의 사적인 대화에서부터 대중을 위한 공적인 강연에 이르기까지 어떻게 말하고 어떻게 스피치를 할 것인가에 관한 지침서.
신국판 / 320쪽 / 9,500원

**부자들의 생활습관 가난한 사람들의 생활습관**
다케우치 야스오 지음 / 홍영의 옮김
경제학의 발상을 기본으로 하여 사람들이 살아가면서 생활에서 생각해 볼 수 있는 이익을 보는 생활습관과 손해를 보는 생활습관을 수록. 독자 자신에게 맞는 생활습관의 기본 전략을 설계할 수 있도록 제시. 신국판 / 320쪽 / 9,800원

**코끼리 귀를 당긴 원숭이-히딩크식 창의력을 배우자** 강충인 지음
코끼리와 원숭이의 우화를 히딩크의 창조적 경영기법과 리더십에 대비하여 자기혁신, 기업혁신을 꾀하는 창의력 개발법을 제시. 신국판 / 208쪽 / 8,500원

**성공하려면 유머와 위트로 무장하라** 민영욱 지음
21세기에 들어 새로운 추세를 형성하고 있는 말 잘하기. 이러한 추세에 맞추어 현재 스피치 강사로 활약하고 있는 저자가 말을 잘하는 방법과 유머와 위트를 만들고 즐기는 방법을 제시한다. 신국판 / 292쪽 / 9,500원

**등소평의 오뚝이전략** 조창남 편저
중국 역사상 정치·경제·학문 등의 분야에서 최고 위치에 오른 리더들의 인재활용, 상황 극복법 등 처세 전략·전술을 통해 이 시대의 성공인으로 자리매김하는 해법 제시. 신국판 / 304쪽 / 9,500원

### 노무현 화술과 화법을 통한 이미지 변화  이현정 지음
현재 불교방송에서 활동하고 있는 이현정 아나운서의 화술 길라잡이서. 노무현 대통령의 독특한 화술과 화법을 통해 리더로서, 성공인으로서 갖추어야 할 화술 화법을 배우는 화술 실용서.  신국판 / 320쪽 / 10,000원

### 성공하는 사람들의 토론의 법칙  민영욱 지음
다양한 사람들의 다양한 욕구를 하나로 응집시키는 수단으로 등장하고 있는 토론에 관해 간단하고 쉽게 제시한 토론 길라잡이서.  신국판 / 280쪽 / 9,500원

### 사람은 칭찬을 먹고산다  민영욱 지음
현대에서 성공하는 사람으로 남기 위해서는 남을 칭찬할 줄도 알아야 한다. 성공하는 사람이 되기 위해서 알아야 할 칭찬 스피치의 기법, 특징 등을 실생활에 적용해 설명해놓은 성공처세 지침서.  신국판 / 268쪽 / 9,500원

### 사과의 기술  김농주 지음
미안하다는 말에 인색한 한국인들에게 "I'm sorry."가 성공을 위한 처세 기법으로 다가온다. 직장, 가정 등 다양한 환경에서 사과 한마디의 의미, 기능을 알아보고 효율성을 가진 사과가 되기 위해 갖추어야 할 조건을 제시한다.
신국판 변형 양장본 / 200쪽 / 10,000원

### 취업 경쟁력을 높여라  김농주 지음
각 기업별 특성 및 취업 정보 분석과 예비 취업자의 능력 개발, 자신의 적성에 맞는 직종과 직장 잡는 법을 상세하게 수록.  신국판 / 280쪽 / 12,000원

### 유비쿼터스시대의 블루오션 전략  최양진 지음
나날이 치열해지는 경쟁 환경 속에서 최후의 웃는 사람이 되기 위해서는 시대의 흐름에 빨리 적응하고, 정보를 신속하게 받아들이며, 남과는 다른 튀는 행동을 해야 한다고 저자는 주장한다. 유비쿼터스시대를 맞아 생존 경쟁에서 살아남는 지혜, 진략을 현실 접점을 바탕으로 세우는 방법 제시.
신국판 / 248쪽 / 10,000원

### 나만의 블루오션 전략 - 화술편  민영욱 지음
모든 사람과의 관계에는 대화가 있게 마련이다. 특히 직장인이나 비즈니스를 하는 CEO들은 더욱 절실히 느낄 것이다. 이 책에는 일반적으로 나누는 대화의 기법부터 좀더 부드러운 분위기를 위한 유머화술의 기법까지 총망라하여 성공된 리더가 될 수 있는 방법을 제시한다.  신국판 / 254쪽 / 10,000원

### 희망의 씨앗을 뿌리는 20대를 위하여  우광균 지음
이 책은 예측대로 살아가지 않는 인생에 이제 막 발을 들여놓은 사회초년생에게 인생의 지침이 되어줄 조언이 담겨 있다. 저자 자신이 경험한 실제 사례들을 통해 우리가 일상에서 쉽게 접하는 모든 일들을 어떻게 받아들이고 또 얻을 수 있는 것은 무엇인지 알려주고 있다.  신국판 / 172쪽 / 8,000원

### 끌리는 사람이 되기 위한 이미지 컨설팅  홍순아 지음
비주얼 시대에는 필요한 순간에 필요한 이미지를 정확하게 표출할 수 있어야 성공적인 인생을 살아갈 수 있다. 그러므로 자신만의 이미지를 만드는 것은 이 시대 가장 큰 경쟁력이다. 이 책은 자연스럽게, 때로는 전략적으로, 자신만의 이미지를 다듬고 만드는 방법을 알기 쉽게 제시하고 있다.
대국전판 / 200쪽 / 10,000원

## 명 상

### 명상으로 얻는 깨달음  달라이 라마 지음 / 지창영 옮김
티베트의 정신적 지도자이자 실질적 지도자인 달라이 라마의 수많은 가르침 가운데 현대인에게 필요해지고 있는 안내에 대한 이야기.  국판 / 320쪽 / 9,000원

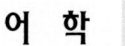

## 어 학

### 2진법 영어  이상도 지음 / 4×6배판 변형 / 328쪽 / 13,000원
### 한 방으로 끝내는 영어  고재윤 지음 / 신국판 / 316쪽 / 9,800원
### 한 방으로 끝내는 영단어  김승엽 지음 / 김수경 · 카렌다 감수 /
4×6배판 변형 / 236쪽 / 9,800원

### 해도해도 안 되던 영어회화 하루에 30분씩 90일이면 끝낸다
Carrot Korea 편집부 지음 / 4×6배판 변형 / 260쪽 / 11,000원

### 바로 활용할 수 있는 기초생활영어  김수경 지음 / 신국판 / 240쪽 / 10,000원
### 바로 활용할 수 있는 비즈니스영어  김수경 지음 / 신국판 / 252쪽 / 10,000원
### 생존영어55  홍일록 지음 / 신국판 / 224쪽 / 8,500원
### 필수 여행영어회화  한현숙 지음 / 4×6판 변형 / 328쪽 / 7,000원
### 필수 여행일어회화  유영자 지음 / 4×6판 변형 / 264쪽 / 6,500원
### 필수 여행중국어회화  이은진 지음 / 4×6판 변형 / 256쪽 / 7,000원
### 영어로 배우는 중국어  김승엽 지음 / 신국판 / 216쪽 / 9,000원
### 필수 여행스페인어회화  유연창 지음 / 4×6판 변형 / 288쪽 / 7,000원
### 바로 활용할 수 있는 홈스테이 영어  김형주 지음 / 신국판 / 184쪽 / 9,000원

## 레포츠

### 수열이의 브라질 축구 탐방 삼바 축구, 그들은 강하다
이수열 지음 / 신국판 / 280쪽 / 8,500원

### 마라톤, 그 아름다운 도전을 향하여
빌 로저스 · 프리실라 웰치 · 조 헨더슨 공저 /
오인환 감수 / 지창영 옮김 / 4×6배판 / 320쪽 / 15,000원

### 퍼팅 메커닉  이근택 지음
감각에 의존하는 기존 방식의 퍼팅은 이제 그만!!
저자 특유의 과학적 이론을 신체근육 운동학에 접목시켜 몸의 무리를 최소한으로 덜고 최대한의 정확성과 거리감을 갖게 하는 새로운 퍼팅 메커닉 북.
4×6배판 변형 / 192쪽 / 18,000원

### 아마골프 가이드  정영호 지음
골프를 처음 시작하는 아마추어 골퍼를 위해 보다 쉽고 빠르게 이해할 수 있도록 내용이 구성된 아마골프 레슨 프로그램서.
4×6배판 변형 / 216쪽 / 12,000원

### 인라인스케이팅 100% 즐기기  임미숙 지음
레저 문화에 새로운 강자로 자리매김하고 있는 인라인 스케이팅을 안전하고 재미있게 즐길 수 있도록 알려주는 인라인 스케이팅 지침서. 각단계별 동작을 한눈에 알아볼 수 있도록 세부 동작별 일러스트 수록.
4×6배판 변형 / 172쪽 / 11,000원

### 배스낚시 테크닉  이종건 지음
현재 한국배스스쿨에서 강사로 활약하고 있는 아마추어 배스 낚시꾼과 중급 수준의 배스 낚시꾼들이 자신의 실력을 한 단계 업그레이드 시킬 수 있도록 루어의 활용, 응용법 등을 상세하게 해설.  4×6배판 / 440쪽 / 20,000원

### 나도 디지털 전문가 될 수 있다!!!  이승훈 지음
깜찍한 디자인과 간편하게 휴대할 수 있다는 장점 때문에 새로운 생활필수품으로 자리를 잡아가고 있는 디카 · 디캠을 짧은 시간 안에 쉽게 배울 수 있도록 해놓은 초보자를 위한 디카 · 디캠 길라잡이서.  4×6배판 / 320쪽 / 19,200원

### 스키 100% 즐기기  김동환 지음
스키 인구의 확산 추세에 따라 스키의 기초 이론 및 기본 동작부터 상급의 기술까지 단계별 동작을 전문가의 동작사진을 곁들여 내용 구성.
4×6배판 변형 / 184쪽 / 12,000원

### 태권도 총론  하웅의 지음
우리의 국기 태권도에 관한 실용 이론서. 지도자가 알아야 할 사항, 태권도장 운영이론, 응급처치법 및 태권도 경기규칙 등 필수 내용만 수록.
4×6배판 / 288쪽 / 15,000원

### 건강하고 아름다운 동양란 기르기  난마을 지음
동양란 재배의 첫걸음부터 전시회 출품까지 동양란의 모든 것 수록. 동양란의 구조 · 특징 · 종류 · 감상법, 꽃대 관리 · 꽃 피우기 · 발색 요령 등 건강하고 아름다운 동양란 만들기로 구성.  4×6배판 변형 / 184쪽 / 12,000원

### 수영 100% 즐기기  김종만 지음
물 적응하기부터 수영폼, 수영과 건강, 응용수영 및 고급 수영기술에 이르기까지 주옥 같은 수중촬영 연속사진으로 자세하게 설명해 주는 수영기법 Q&A.
4×6배판 변형 / 248쪽 / 13,000원

### 애완견114  황양원 엮음
애완견 길들이기, 애완견의 먹거리, 멋진 애완견 만들기, 애완견의 질병 예방과 건강, 애완견의 임신과 출산, 애완견에 대한 기타 관리 등 애완견을 기를 때 반드시 알아야 할 내용 수록.  4×6배판 변형 / 228쪽 / 13,000원

### 건강을 위한 웰빙 걷기  이강옥 지음
건강 운동으로서 많은 사람들의 관심을 모으고 있는 걷기운동을 상세하게 설명. 걷기시 필요한 장비, 올바른 걷기 자세를 설명하고 고혈압·당뇨병·비만증·골다공증 등 성인병과 관련해 걷기운동을 했을 때 얻을 수 있는 효과를 수록하여 성인병을 예방하고 치료할 수 있도록 하였다.
대국전판 / 280쪽 / 10,000원

### 우리 땅 우리 문화가 살아 숨쉬는 옛터  이형권 지음
우리나라에서 가장 가보고 싶은 역사의 현장 19곳을 선정, 그 터에 어린 조상의 숨결과 역사적 증언을 만날 수 있는 시간 제공. 맛있는 집, 찾아가는 길, 꼭 가봐야 할 유적지 등 핵심 내용 선별 수록.  대국전판 올컬러 / 208쪽 / 9,500원

### 아름다운 산사  이형권 지음
우리나라의 대표적인 산사를 찾아 계절 따라 산사가 주는 이미지, 산사가 안고 있는 역사적 의미를 되새겨 본다. 동시에 산사를 찾음으로써 생활에 찌든 현대인들이 삶의 활력을 되찾는 시간을 갖게 한다.
대국전판 올컬러 / 208쪽 / 9,500원

### 골프 100타 깨기  김준모 지음
읽고 따라 하기만 해도 100타를 깰 수 있는 골프의 전략·전술의 비법 공개. 뛰어난 골프 실력은 올바른 그립과 어드레스에서 비롯됨을 강조한 초보자를 위한 실전 지침서.  4×6배판 변형 / 208쪽 / 10,000원

### 쉽고 즐겁게! 신나게! 배우는 재즈댄스  최재선 지음
몸치인 사람도 쉽게 따라 하고 배우는 재즈댄스 안내서. 이 책에 실려 있는 기본 동작을 익혀 재즈댄스를 하면 생활 속의 긴장과 스트레스를 털어버리고 활력을 되찾을 수 있으며, 다이어트 효과도 얻을 수 있다.
4×6배판 변형 / 200쪽 / 12,000원

### 맛과 멋이 있는 낭만의 카페  박성찬 지음
가족끼리, 연인끼리 추억을 만들고 행복한 시간을 보낼 수 있는 서울 근교의 카페들을 엄선하여 소개. 카페에 대한 인상 및 기본 정보, 인근 볼거리 등도 함께 수록하여 책 안의 인터넷 정보서가 될 수 있게 했다.
대국전판 올컬러 / 168쪽 / 9,900원

### 한국의 숨어 있는 아름다운 풍경  이종원 지음
우리나라의 숨어 있는 아름다운 풍경을 찾아 소개하는 여행서. 저자의 여행 감상과 먹거리, 볼거리, 사람 사는 이야기가 담겨 있어 안내서라기보다는 답사기라고 할 수 있다. 서정과 사진이 풍부하게 담겨 있는 그곳에 가고 싶다 시리즈 4번째 책.  대국전판 올컬러 / 208쪽 / 9,900원

### 사람이 좋고 자연이 있는 아름다운 명산  박기성 지음
산을 좋아하는 사람들을 위한 산 안내서. 한번쯤 가보면 좋을 산을 엄선하여 그 산이 갖는 매력을 서정성 짙은 글로 풀어 놓았다. 가는 방법과 둘러보아야 할 곳도 덤으로 설명.  대국전판 올컬러 / 176쪽 / 12,000원

### 마음의 고향을 찾아가는 여행 포구  김인자 지음
일상 생활에서 벗어나고 싶다면 우리 국토의 진정한 아름다움을 느끼게 해주는 포구로 가보자. 그 곳에서 사람냄새, 자연이 어우러진 역동성에 삶의 의욕을 되찾을 수 있을 것이다. 시인이자 여행가인 김인자 님이 소개하는 가볼 만한 대표적인 포구 20곳 수록. 볼거리, 먹거리와 함께 서정성 넘치는 글로 포구의 낭만, 삶의 현장을 소개  대국전판 올컬러 / 224쪽 / 14,000원

### 골프 90타 깨기  김광섭 지음
90타를 깨고 싱글로 진입할 수 있게 해주는 실전 골프 테크닉서. 스트레칭, 세트 업, 드라이버 스윙, 샷, 어프로치, 퍼팅, 벙커 샷 등의 스윙 원리를 요점을 짚어 정리해 놓았으므로 골퍼 자신의 잘못된 스윙을 바로잡는 데 많은 도움이 될 것이다. 또한 연습장에서 스윙 연습을 하는 방법도 수록해 골프의 재미를 한층 더 배가시켜 즐길 수 있게 하였다.  4×6배판 변형 / 148쪽 / 11,000원

### 생명이 살아 숨쉬는 한국의 아름다운 강  민병준 지음
물놀이를 하는 아이들, 재첩을 잡는 사람들, 두물머리에 서 있는 연인들. 이 모습은 우리나라의 강변에서 볼 수 있는 정겨운 장면이다. 우리나라의 대표적인 강 15곳을 엄선하여 찾아가는 법, 먹거리, 잘 곳 등을 함께 수록. 또한 강과 연관 있는 인근의 볼거리를 수록하여 가족이나 연인 사이에는 추억을 만들고, 자녀와는 역사공부도 할 수 있게 내용을 아기자기하게 꾸민 강 여행서.  대국전판 올컬러 / 168쪽 / 12,000원

### 틈나는 대로 세계여행  김재관 지음
다른 나라를 알고 다른 문화를 알고자 하는 노력은 결국 내 자신의 정신세계를 풍요롭게 하는 일이다. 그리고 여행이 정신세계를 풍요롭게 하는 데 좋은 도구가 될 수 있다. 이 책에는 도전과 모험을 꿈꾸는 사람이라면 한 번은 가보아야 할 세계의 오지에 대한 이야기가 실려 있다. 저자가 엄선한 28개국의 오지에 대한 감상, 교통편, 알아두면 편리한 상식 등이 수록되어 있으므로 여행지에 대한 사전 지식을 쌓는 데 많은 도움이 될 것이다.
4×6배판 변형 올컬러 / 368쪽 / 20,000원

### KLPGA 최여진 프로의 센스 골프  최여진 지음
KLPGA 출신 처음으로 쓴 골프 길라잡이. 신체 조건이나 골프채의 길이 또는 무게, 스윙 등 기초에서부터 기술적인 부분까지 미세하게 다른, 그동안 필자가 골프를 하면서 여성으로서 느꼈던 애로사항과 노하우를 담아 모든 골프 마니아들에게 실질적인 도움을 주고 스코어를 줄일 수 있는 해답을 찾게 해줄 것이다.  4×6배판 변형 올컬러 / 192쪽 / 13,900원

### 해양스포츠 카이트보딩  김남용 편저
국내 유일의 카이트보딩 자격증 소지자가 소개하는 국내 최초의 카이트보딩 안내서. 친절한 안내와 기술 향상을 위한 지식을 담고 있어 초보자에서 마니아에 이르기까지 훌륭한 동반자가 되어줄 것이다.  신국판 올컬러 / 152쪽 / 18,000원

### KTPGA 김준모 프로의 파워 골프  김준모 지음
골프의 기원과 역사를 비롯하여 골프의 기본 기술을 체계적으로 숙달할 수 있는 효과적인 연습법, 골퍼에게 필요한 기본 상식들을 모두 수록하였다. 골프를 더욱 깊이 이해하고 골프를 즐기고 골프를 통하여 삶의 활력소를 얻을 수 있을 뿐만 아니라, 진정한 골퍼로서 거듭날 기회를 제공해줄 것이다.
4×6배판 변형 올컬러 / 192쪽 / 13,900원

### 골프 80타 깨기  오태훈 지음
80타를 깨고 70타로 진입하겠다는 목표를 세운 골퍼들을 대상으로 스윙의 이론적 풀이보다는 여러 가지 상황에서 위기를 모면할 수 있도록 도와주는 기술과 깨끗한 마무리, 전체적인 스코어를 낮추는 데에 중점을 둔 싱글을 위한 실전 골프 테크닉서로, 이 책만 따라하면 최고의 골퍼를 향한 목표에 도달할 수 있을 것이다.  4×6배판 변형 / 132쪽 / 10,000원

### 신나는 골프 세상  유용열 지음
MBC-ESPN 골프해설위원 유용열 프로가 쓴 골프의 모든 것이 담겨있다. 아마추어에서 비기너, 싱글 수준의 골퍼에 이르기까지 이 책을 보면서 하루에 한 가지씩 배우고 익힐 수 있도록 하였다.  4×6배판 변형 올컬러 / 232쪽 / 16,000원

### 풍경 속을 걷는 즐거움 명상 산책  김인자 지음
우리나라의 사계절 걷기 좋은 곳 21곳 수록. 걸으면서 사색을 즐기고 싶은 사람에게 추천할 만한 책이다. 특히 느림과 침묵에 굶주려 있는 도시인들에게 두 발의 건강한 노동인 걷는 즐거움을 줄 수 있는 책이다.  대국전판 올컬러 / 224쪽 / 14,000원

## 끌리는 사람이 되기 위한
# 이미지 컨설팅

2006년 6월 5일 제1판 1쇄 발행
2010년 8월 31일 제1판 7쇄 발행

지은이/홍순아
펴낸이/강선희
펴낸곳/가림출판사

등록/1992. 10. 6. 제4-191호
주소/서울시 광진구 구의동 57-71 부원빌딩 4층
대표전화/458-6451   팩스/458-6450
홈페이지/ www.galim.co.kr
전자우편/ galim@galim.co.kr

값 10,000원

저자와의 협의하에 인지를 생략합니다.

불법복사는 지적재산을 훔치는 범죄행위입니다.
저작권법 제97조의 5(권리의 침해죄)에 따라 위반자는 5년 이하의 징역
또는 5천만 원 이하의 벌금에 처하거나 이를 병과할 수 있습니다.

ISBN 978-89-7895-238-5 13320

가림출판사 · 가림M&B · 가림Let's의 홈페이지(http://www.galim.co.kr)에 들어오시면 가림출판사 · 가림M&B · 가림Let's의 신간도서 및 출간 예정 도서를 포함한 모든 책들을 만나실 수 있습니다.
온라인 서점을 통하여 직접 도서 구입도 하실 수 있으며 가림 홈페이지 내에서 전국 대형 서점들의 사이트에 링크하시어 종합 신간 안내 및 각종 도서 정보, 책과 관련된 문화 정보를 받아보실 수 있습니다.
또한 홈페이지 방문시 회원으로 가입하시면 신간 안내 자료를 보내드립니다.